Das Übungsbuch für die Ausbildung der Ausbilder (AdA/AEVO)

Übungen zur Ausbildereignungsprüfung

AF694675

Bibliografische Information der Deutschen Nationalbibliothek

Die Deutsche Nationalbibliothek verzeichnet diese Publikation in der Deutschen Nationalbibliografie; detailliertere bibliografische Daten sind im Internet über http://dnb.d-nb.de abrufbar.

Erste Auflage (Stand 2015 / 2016)

Autoren: Sascha Paustian; Marco Gries
Umschlagsgestaltung und Layout: Laura Mc Lain
Verlag: Lernstarter Bildungsmedien UG, Bad Homburg v. d. Höhe
ISBN: 978-3981724820
©2015 Lernstarter Bildungsmedien UG

FSC
www.fsc.org
MIX
Papier aus verantwortungsvollen Quellen
Paper from responsible sources
FSC® C105338

Inhaltsverzeichnis

Prüfungsablauf: Was kommt genau auf mich zu?

Die schriftliche Prüfung ist ein eigenständiger Prüfungsteil und wird meistens zu **bundeseinheitlichen Terminen** von den zuständigen Stellen (IHK, HWK usw.) durchgeführt. Dabei sollen Sie als Prüfling in maximal **3 Stunden** aus allen vier Handlungsfeldern **fallbezogene Aufgaben** unter der Aufsicht eines Prüfers bearbeiten.

Die Prüfungsaufgaben sind entweder

- **gebunden** (=programmiert) oder
- **gemischt** (programmiert und offen)

Bei den gebundenen bzw. programmierten Prüfungsaufgaben sind häufig mehrere Antworten richtig. Die Anzahl der korrekten Antworten wird ihnen jedoch vorgegeben.

▸ In der Regel sind je Aufgabe zwischen einer bis vier Antworten richtig.

▸ Offene Fragen kommen eher selten vor und werden deshalb in diesem Übungsbuch nicht berücksichtigt.

▸ Neben programmierten Aufgaben kommen auch Aufgaben vor, bei denen Sie die Antworten in eine richtige Reihenfolge setzen sollen.

Hilfsmittel während den Prüfungen: Was ist erlaubt?

Die erlaubten Hilfsmittel in der schriftlichen Prüfung sind:

- dokumentenechtes Schreibmaterial,
- unkommentierte Gesetze zur Berufsbildung,
- ein netzunabhängiger Taschenrechner.

▸ Diese Angaben können jedoch von Kammer zu Kammer verschieden sein. Eine genaue Auflistung finden Sie auf der Einladung bzw. Anmeldebestätigung zur Prüfung.

Bestehen der Prüfungen: Alles oder nichts!

Eine Aufgabe wird vom Prüfer nur dann als richtig gewertet, wenn **alle** vorgegebenen Antworten auch richtig angekreuzt wurden.

Sie müssen in der schriftlichen Prüfung mindestens 50 Punkte (=ausreichend) erreichen um die Prüfung zu bestehen. Es besteht leider auch keine Ausgleichmöglichkeit durch eine mündliche Ergänzungsprüfung. Sollten Ihre Prüfungsergebnisse unter den 50 Punkten liegen, haben Sie die Möglichkeit zur Wiederholung. Wir wünschen Ihnen nun viel Erfolg bei der Prüfungsvorbereitung.

Wer ist eigentlich ein „Ausbildender“?

Ein **Ausbildender** ist eine **natürliche oder juristische Person**, welche den Auszubildenden zur Ausbildung einstellt. Ein Ausbildender trägt die **Verantwortung für die ordnungsgemäße Durchführung der** Ausbildung. Juristische Personen (also Unternehmen) werden dann als „Ausbildender“ vertreten durch:

Ausbildender				
e. K.	OHG	KG	GmbH	AG
vertreten durch….				
Geschäftsinhaber	Gesellschafter	Komplementär	Geschäftsführer	Vorstand

Was sind die Voraussetzungen an einen Ausbildenden?

Ein Ausbildender muss die folgenden Voraussetzungen erfüllen:

1. **Persönliche Eignung** (Kinder/Jugendliche dürfen beschäftigt werden; kein schwerer oder wiederholter Verstoß gegen ein Gesetz).
2. **Eignung der Ausbildungsstätte**.

⇨ Der Ausbildende schließt einen **Ausbildungsvertrag** mit dem Auszubildenden ab!

Wer ist eigentlich der Auszubildende?

Der Auszubildende ist immer eine **natürliche Person**, welche vom Ausbildenden zum Ziel der Ausbildung eingestellt wird. Wenn der Auszubildende volljährig ist (ab dem 18. Lebensjahr) kann er mit dem Ausbildenden direkt einen Ausbildungsvertrag abschließen. Ansonsten ist der Vertragsschluss nur mit Zustimmung der gesetzlichen Vertreter bzw. Erziehungsberechtigten (z.B. Eltern) gültig.

Wer ist eigentlich ein „Ausbilder“?

Ein **Ausbilder** ist immer eine **natürliche Person**, welche im Namen den Ausbildenden dem Auszubildenden die Kenntnisse und Fertigkeiten vermittelt. Vorausgesetzt wird beim Ausbilder:

A) Persönliche Eignung
▪ Vollendung des 24. Lebensjahres, ▪ kein schwerer oder wiederholter Verstoß gegen ein Gesetz.
B) Fachliche Eignung
▪ abgeschlossene Ausbildung, Hochschulabschluss etc., ▪ Bestehen der Ausbildereignungsprüfung (zurzeit ausgesetzt, in Handwerksbetrieben besitzt der Meister die Ausbildereignung).

Bildet der Ausbilder den Auszubildenden ganz alleine aus?

Nein, das muss er nicht. Der Ausbilder kann auch einen oder mehrere Mitarbeiter für die Ausbildung beauftragen. Hierbei spricht man dann vom **weisungsberechtigten Mitarbeiter**.

Der **weisungsberechtigte Mitarbeiter** ist immer eine **natürliche Person**, welche vom Ausbildenden oder Ausbilder zur Unterweisung der Auszubildenden berechtigt wurde. Der Auszubildende hat den Weisungen Folge zu leisten.

Was sollte ein Ausbildungsvertrag enthalten?

Gemäß § 11 BBiG muss ein Ausbildungsvertrag mindestens folgende Inhalte aufweisen:

- Ausbildungsdauer (nicht mehr als 3 aber auch nicht weniger als 2 Jahre),
- Dauer der regelmäßigen täglichen Ausbildungszeit,
- Dauer der Probezeit (mindestens 1 Monat, höchstens 4 Monate gemäß § 20 BBiG),
- Höhe der Vergütung,
- Dauer des Urlaubs,
- Art, sachliche und zeitliche Gliederung sowie Ziele der Berufsausbildung,
- Ausbildungsmaßnahmen außerhalb der Ausbildungsstätte,
- Beendigung der Ausbildung.

Wo findet die Ausbildung statt?

Die Berufsausbildung wird gemäß § 2 (1) BBiG in der Regel an den folgenden zwei Lernorten durchgeführt:

Betriebliche Berufsausbildung	Schulische Berufsausbildung
Die betriebliche Berufsausbildung wird in Betrieben der Wirtschaft bzw. Unternehmen oder in vergleichbaren Betrieben außerhalb der Wirtschaft (z. B. öffentlicher Dienst) durchgeführt.	Lernort sind hierbei die berufsbildenden Schulen bzw. Berufsschulen.

Gemäß § 2 (2) BBiG sollen die beiden Lernorte bei der Durchführung der Berufsbildung zusammenarbeiten. Dies bezeichnet man auch als **Lernkooperation**. Da die Berufsausbildung generell im Ausbildungsbetrieb und in der Berufsschule durchgeführt wird, spricht man auch von einer dualen Ausbildung.

Was genau kostet eine Ausbildung?

Grundsätzlich unterscheidet man hier zwischen den beiden folgenden Arten:

Direkte Ausbildungskosten (Personalkosten)	Indirekte Ausbildungskosten
▪ Ausbildungsvergütung, ▪ Personalnebenkosten (Arbeitgeberanteil an den Sozialversicherungsbeiträgen, Arbeitgeberzulage zu vermögenswirksamen Leistungen, Fahrgeldzuschüsse etc.).	▪ Kosten für zur Verfügung gestellte Materialien, ▪ Kosten durch die zuständige Kammer (Anmeldung des Auszubildenden, Kosten für die Prüfung usw.), ▪ Kosten der Ausbilder (Personal- und Sachkosten)

Wie ist eine Ausbildung zeitlich geregelt?

Regelung	**Jugendliche Auszubildende**	**Volljährige Auszubildende**
Freistellung für die Berufsschule	Generell **ja!**	Generell **ja! Solange Berufsschulpflicht** besteht; danach gilt die vertragliche Regelung.
Sonderregelungen an Berufsschul-tagen	▪ Keine Beschäftigung vor dem Unterricht, wenn dieser vor 09:00 Uhr beginnt. ▪ Keine Beschäftigung nach einem Berufsschultag mit mehr als 5 Unterrichtsstunden (je 45 Minuten). Achtung: Dies gilt nur für einen Berufsschultag pro Woche. Findet der Unterricht an 2 Tagen statt, muss der Auszubildende an einem der beiden Tage in den Betrieb zurück.	Beschäftigung generell nach der Berufsschule möglich!
Arbeitszeit	8-Stunden-Tag, 5-Tage-Woche, 40-Stunden Woche	In der Regel 8 Stunden täglich, maximal 10 Stunden je Arbeitstag 6-Tage-Woche
Anrechnung der Berufsschul-freistellung auf die Arbeitszeit	Bei der Freistellung werden die Unterrichtszeit inkl. Pausen sowie die Fahrt-/Wegezeiten angerechnet. Die Arbeitszeit pro Tag darf 8 Stunden nicht überschreiten.	Die Summe der Berufsschul- und betrieblichen Ausbildungszeiten kann die betriebsüblichen Ausbildungszeiten übersteigen.

♦ Die Entstehung eines Ausbildungsberufs ♦

Der zuständige Fachminister im Einvernehmen mit dem Bundesminister für Bildung und Forschung erlässt die Ausbildungsordnung für einen Ausbildungsberuf. Die Ausbildungsordnung enthält dabei einen Mindestinhalt, welcher detailliert Kenntnisse und Fertigkeiten eines Auszubildenden in diesem Beruf vorschreibt. Diesen Teil der Ausbildungsordnung bezeichnet man dann als **Ausbildungsrahmenplan**.

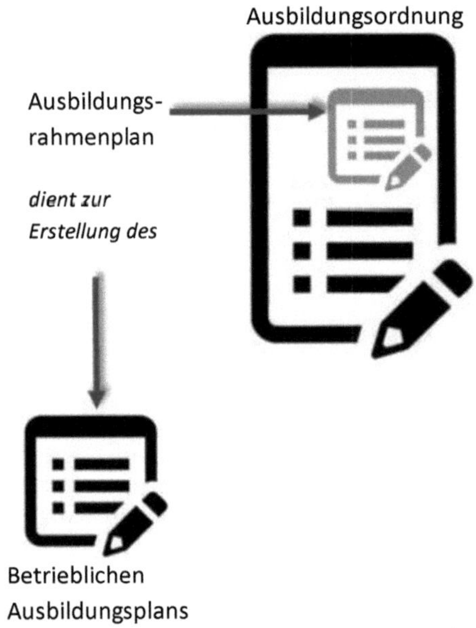

Man spricht hierbei generell auch vom dualen System, weil die Berufsausbildung an zwei Lernorten erfolgt. Diese beiden Lernorte bzw. Beteiligten sind für den Auszubildenden die durchführenden Organe der Berufsausbildung:

Lernort:	Ausbildungsbetrieb	Berufsschule
Generell Verantwortlicher	Ausbildender	
Lernende Person	Auszubildender	Berufsschüler
Lehrende Person	Ausbilder	Berufsschullehrer
Ausbildungspläne	Ausbildungsrahmenplan	Rahmenlehrplan
Rechtliche Grundlage	Berufsbildungsgesetz	Schulgesetz
Kontrolle	Zuständige Stellen	Schulaufsichtsbehörde
Finanzierung	Wirtschaft	Staat

♦ Berufsausbildungsgesetz ♦

Das Berufsbildungsgesetz (abgekürzt: BBiG) enthält allgemeine Regelungen für die ca. 400 staatlich anerkannten Ausbildungsberufe. Die wichtigsten Inhalte hieraus haben wir Ihnen hier kurz aufgelistet:

- **Definition der Berufsausbildung** (§1), besteht aus:

Berufsausbildungsvorbereitung §1 (2) BBiG
Durch die Vermittlung von Grundlagen für den Erwerb beruflicher Handlungsfähigkeit sollen die betroffenen Personen an eine Berufsausbildung in einem anerkannten Ausbildungsberuf herangeführt werden. Die Berufsausbildungsvorbereitung dient somit zunächst als Auffangbecken für Personen, die aufgrund der Situation auf dem Ausbildungsmarkt oder wegen zu geringer Qualifikation keinen regulären Ausbildungsplatz bekommen haben.
Berufsausbildung §1 (3) BBiG
In der Berufsausbildung erwerben die Auszubildenden die berufliche Handlungsfähigkeit (notwendige berufliche Fertigkeiten, Kenntnisse und Fähigkeiten). Ein Schwerpunkt der Berufsausbildung liegt auf dem Erwerb von Berufserfahrung. Der Ablauf und die Gestaltung eines geordneten Ausbildungsganges werden im Folgenden beschrieben.
Berufliche Fortbildung §1 (4) BBiG
Durch die berufliche Fortbildung soll die vorhandene berufliche Handlungsfähigkeit erhalten, angepasst oder erweitert werden. Ziel ist dabei insbesondere der berufliche Aufstieg.
Berufliche Umschulung §1 (5) BBiG
Zu einer Umschulung gehören alle Bildungsmaßnahmen, die den Betroffenen zu einer anderen beruflichen Tätigkeit befähigen. Häufig werden Umschulungen aus gesundheitlichen oder arbeitsmarktpolitischen Gründen vorgenommen.

- **Form und Inhalt von Berufsausbildungsverträgen** (§§ 10 bis 12)
- **Pflichten des Ausbildenden** (§§ 14 bis 19): klärt auch:
    - die Ziele der Berufsausbildung,
    - die Freistellung,
    - das Zeugnis und
    - die Vergütungszahlung.
- **Pflichten des Auszubildenden** (§ 13): Verhaltensregeln.
- **Beginn und Beendigung der Berufsausbildung** (§§ 20 bis 22): Probezeit, Kündigung.
- **Berechtigung zur Einstellung und Ausbildung** (§§ 27,29 und 30): klärt auch:
    - die persönliche und fachliche Eignung,
    - die Eignung der Ausbildungsstätte,
- Die **Grundlagen der Ausbildungsordnung** (§ 5): klärt auch:
    - die Mindestinhalte,
    - die Anerkennung von Ausbildungsberufen.

- Die **Regelung des Prüfungswesens** (§§ 37 bis 48): klärt auch:
    - die Bestimmungen zur Zwischen- und Abschlussprüfung,
    - den Anspruch auf ein Zeugnis.
- Die **Regelungen und die Überwachung der Berufsausbildung** (§ 70)

Während das BBiG die betriebliche Ausbildung bundesweit regelt, wird der schulische Teil der Ausbildung landesweit z.B. durch das Schulpflichtgesetz, Lehrpläne usw. geregelt.

• Ausbildungs(ver)ordnung •

Die Ausbildungsverordnung (abgekürzt: AO) existiert für jeden anerkannten Ausbildungsberuf. Das BBiG fordert hierfür die folgenden Mindestinhalte:

Bezeichnung des Ausbildungsberufes
Die Anerkennung erfolgt in der Regel durch das **Bundesministerium für Wirtschaft und Arbeit**!
Ausbildungsdauer
Die Ausbildungsdauer soll regelmäßig nicht mehr als drei und nicht weniger als zwei Jahre betragen. Eine Verkürzung der regelmäßigen Ausbildungsdauer kommt in Betracht, wenn zu erwarten ist, dass der/die Auszubildende das Ausbildungsziel in einer verkürzten Zeit erreicht (§§ 7, 8 BBiG).
Berufsbild
Mindestinhalte bzgl. beruflichen Fertigkeiten, Kenntnissen und Fähigkeiten, die mindestens Gegenstand der Berufsausbildung sein müssen.
Ausbildungsrahmenplan
Hierunter versteht man eine Anleitung zur sachlichen und zeitlichen Gliederung der Fertigkeiten und Kenntnisse im jeweiligen Ausbildungsberuf. Hier werden die im Berufsbild aufgeführten Ausbildungsgegenstände zeitlich in den Ausbildungsablauf eingegliedert.
Prüfungsanforderungen
Angaben zur Zwischen- und Abschlussprüfung (zeitliche Lage, zu prüfende Fächer und deren Gewichtung usw.).

♦ Pflichten des Auszubildenden und Ausbildenden ♦

Pflichten des Auszubildenden	Pflichten des Ausbildenden
Lernpflicht	**Ausbildungspflicht** Zielvorgabe: ▪ Ausbildungsordnung, ▪ Ausbildungsrahmenplan und ▪ Prüfungsanforderungen.
Teilnahme an der Berufsschule	**Freistellung für die Berufsschule** (zusätzlich An- und Abmeldung)
Weisungsgebundenheit	Benennung weisungsberechtigter Personen
Einhaltung der Betriebsordnung	**Aufsichtspflicht** Minderjährige Auszubildende müssen ständig (während der täglichen Ausbildungszeit auch außerhalb der Betriebsstätte) durch den Ausbildenden oder eine dazu beauftragte Person beaufsichtigt werden.
Berichtsheftführung Der Ausbildende muss die Berichtsheftführung kontrollieren.	**Berichtsheftkontrolle** (zusätzlich kostenfreie Aushändigung der notwendigen Materialien)
Pflegliche Behandlung der zur Verfügung gestellten Arbeitsmittel Für Beschädigungen bzw. Verlust kann der Auszubildende jedoch nicht verantwortlich gemacht werden, wenn die Arbeitsmittel frei zugänglich waren.	**Bereitstellung von Arbeitsmitteln** Arbeitsmaterial für die Berufsschule ist hiervon jedoch ausgenommen.
Benachrichtigungspflicht Bei Fernbleiben von der Ausbildungsstätte, der Berufsschule bzw. sonstigen Ausbildungsveranstaltungen muss der Auszubildende den Ausbilder unverzüglich mit Angabe des Grundes benachrichtigen. Beim Vorliegen einer Krankheit muss darüber hinaus ab dem dritten Arbeitstag eine ärztliche Bescheinigung vorgelegt werden. Auf Verlangen müssen Beschäftigte ihrem Arbeitgeber bereits am ersten Krankheitstag ein ärztliches Attest vorlegen.	**Vergütungspflicht** Mit zunehmenden Ausbildungsjahren ansteigend; darüber hinaus gilt eine Entgeltfortzahlungsverpflichtung im Krankheitsfall für 6 Wochen.
Erholungspflicht Neben der Ausbildung bzw. während des Urlaubs darf keine anderweitige Beschäftigung aufgenommen werden.	**Urlaubsgewährung**
Sorgfältige Ausführung übertragener Tätigkeiten Die Aufgaben sind ordnungsgemäß auszuführen.	**Zweckgebundene Übertragung von Arbeiten**

Fortführung der vorherigen Seite

Pflichten des Auszubildenden	Pflichten des Ausbildenden
Ärztliche Untersuchungen bei jugendlichen Auszubildenden Vor der Aufnahme der Ausbildung als auch vor Ablauf des ersten Ausbildungsjahres müssen jugendliche Auszubildende ärztlich untersucht werden.	**Schutz vor körperlicher Gefährdung** Die Tätigkeit darf die körperliche Leistungsfähigkeit nicht überschreiten.
Verschwiegenheits- und Treuepflicht	**Zeugnispflicht** Dem Auszubildenden ist ein einfaches Zeugnis auszustellen, wenn dieser die Ausbildung beendet hat. Auf Verlangen können Angaben über die Führung, Leistung und besondere fachliche Fähigkeiten aufgenommen werden.

♦ Das Arbeitszeitgesetz ♦

Definition und Regelungen des Arbeitszeitgesetzes

Definition der werktäglichen Arbeitszeit:

- werktägliche Arbeitszeit ist die Arbeitszeit an den Wochentagen Montag bis Samstag,
- Arbeitszeit ist die Zeit vom Beginn bis zum Ende der Arbeit ohne die Ruhepausen,
- Arbeitszeiten bei mehreren Arbeitgebern werden zusammengerechnet.

Dauer der werktäglichen Arbeitszeit:

- die werktägliche Arbeitszeit darf 8 Stunden nicht überschreiten,
- sie kann auf bis zu 10 Stunden verlängert werden, wenn durch entsprechende Verkürzung an anderen Werktagen in sechs Kalendermonaten oder 24 Wochen eine durchschnittliche werktägliche Arbeitszeit von 8 Stunden nicht überschritten wird.

Ein Arbeitnehmer kann (ggf. auch unter Einbeziehung ausnahmsweise zulässiger Arbeiten am Sonntag) somit auch mehrere Wochen hintereinander bis zu 60 Stunden beschäftigt werden, wenn die Arbeitszeit in den darauf folgenden Wochen z.B. auf 36 Wochenstunden verkürzt oder eine arbeitsfreie Woche eingelegt wird. Ausnahmegenehmigungen für längere Arbeitszeiten können im Einzelfall durch das Gewerbeaufsichtsamt erteilt werden.

♦ Die wichtigsten Modelle für den Ausbilder ♦

Methoden, die ein Ausbilder wählen könnte:

Unterweisungsform	mögliche Methode
vortragen	▪ Kurzvortrag
vormachen	▪ Vier-Stufen-Methode
vorführen	▪ Demonstration
fragend- oder besprechend	▪ Lehrgespräch
er-/verarbeitend	▪ Moderation, ▪ Fallmethode, ▪ Brainstorming, ▪ Leittextmethode ▪ Leitfragemethode, ▪ Projektmethode, ▪ Rollenspiel.

Welche Methode der Ausbilder wählt, ist abhängig von den zu erreichenden Ausbildungsinhalten und -zielen, dem Ausbildungsstand des Auszubildenden, der pädagogischen Erfahrung des Ausbilders, der Anzahl der Auszubildenden und den betrieblichen Rahmenbedingungen.

kurz erklärt in Stufen…..	….die Vier-Stufen-Methode
1. Stufe	Vorbereiten
2. Stufe	Vormachen und Erklären
3. Stufe	Nachmachen und Erklären lassen
4. Stufe	Selbstständig arbeiten lassen

kurz erklärt in Stufen…..	….die Fallmethode
1. Stufe	Problemanalyse
2. Stufe	Aufbereitung von Informationen
3. Stufe	Erarbeitung von Lösungsansätzen
4. Stufe	Entscheidung für eine Lösung
5. Stufe	Feedback

kurz erklärt in Stufen.....	....die Gruppenarbeit
1. Stufe	Benennen der Arbeitsaufgabe
2. Stufe	Verarbeitung der Information
3. Stufe	Präsentation der Ergebnisse
4. Stufe	Diskussion / Bewertung
5. Stufe	Zusammenfassung

kurz erklärt in Stufen.....	....die Leittextmethode
1. Stufe	Informieren
2. Stufe	Planen
3. Stufe	Entscheiden
4. Stufe	Ausführen
5. Stufe	Kontrollieren
6. Stufe	Bewerten

kurz erklärt in Stufen.....	....die Projektmethode
1. Stufe	Verabredung der Projektaufgabe
2. Stufe	Planung
3. Stufe	Durchführung
4. Stufe	Kontrolle
5. Stufe	Beurteilung und Dokumentation

kurz erklärt in Stufen.....	....die Moderation
1. Stufe	Aufschließen des Themenbereichs
2. Stufe	Auswahl eines Themas
3. Stufe	Konkretisieren der Aufgabe
4. Stufe	Umsetzen der Aufgabe

♦ Abschluss des Ausbildungsverhältnisses ♦

Bestehen der Abschlussprüfung
Mit dem **Bestehen der Abschlussprüfung** (meistens handelt es sich hierbei um den Tag der mündlichen/praktischen Prüfung) endet das Berufsausbildungsverhältnis gemäß § 21 BBiG. In der Regel endet somit das Ausbildungsverhältnis vor dem im Ausbildungsvertrag vereinbarten Zeitpunkt. Mit dem Bestehen der Abschlussprüfung... ▪ muss der/die ehemalige Auszubildende nicht mehr im Ausbildungsunternehmen im Status eines/r Auszubildenden arbeiten. ▪ hat der/die Auszubildende ohne anderweitige vertragliche Regelung (z.B. Übernahme in ein Angestelltenverhältnis) kein Anrecht mehr darauf, im (ehemaligen) Ausbildungsbetrieb beschäftigt zu werden. Wird der Auszubildende hingegen nach dem Bestehen der Abschlussprüfung aber auch weiterhin beschäftigt, ohne dass hierüber ein Arbeitsvertrag geschlossen wurde, so gilt dann das Arbeitsverhältnis als zeitlich unbestimmt begründet und der/die ehemalige Auszubildende hat einen Anspruch auf eine der Tätigkeit entsprechenden Entlohnung.

Nichtbestehen der Abschlussprüfung
Besteht der/die Auszubildende die Abschlussprüfung nicht, so kann er/sie vom Ausbildungsbetrieb verlangen, dass das Ausbildungsverhältnis bis zur nächsten Prüfung (in der Regel nach 6 Monaten), höchstens jedoch für ein Jahr verlängert wird gemäß §§ 21, 37 BBiG. Besteht der/die Auszubildende/r auch beim zweiten Versuch die Abschlussprüfung nicht, dann... ▪ muss das Ausbildungsunternehmen das Ausbildungsverhältnis nicht noch einmal verlängern. Das Ausbildungsverhältnis endet dann endgültig. ▪ kann der/die Auszubildende sich privat zum dritten Prüfungsversuch anmelden. Wird auch in diesem Fall die Prüfung nicht bestanden, besteht in der Regel keine weitere Möglichkeit der Wiederholung mehr.

♦ Kündigungsmöglichkeiten während der Berufsausbildung ♦

Kündigung während der Probezeit
Sowohl vom Auszubildenden als auch vom Ausbildenden kann das Ausbildungsverhältnis ▪ ohne Einhaltung einer Kündigungsfrist (fristlos) und ▪ ohne Angabe von Gründen jederzeit aufgelöst werden. Die Kündigung bedarf jedoch der **Schriftform**. Ist der Auszubildende noch nicht volljährig, bedarf die Kündigung seinerseits der Zustimmung der Erziehungsberechtigten (dies gilt aber nur bei Ausbildungs- und nicht Arbeitsverträgen).

Kündigung nach der Probezeit
Hierbei unterscheidet man zwischen ▪ einer **ordentlichen Kündigung** und ▪ einer **außerordentlichen Kündigung**. Zur **ordentlichen Kündigung**: Nach der Probezeit kann das Berufsausbildungsverhältnis lediglich vom Auszubildenden mit einer Kündigungsfrist von vier Wochen aufgelöst werden, wenn: ▪ dieser die Berufsausbildung aufgeben oder ▪ sich für eine andere Berufstätigkeit ausbilden lassen möchte. Der Grund muss in der schriftlichen Kündigung explizit angegeben werden. Zur **außerordentlichen Kündigung**: Liegt ein wichtiger Grund vor, so kann der Ausbildende als auch der Auszubildende fristlos kündigen. Die fristlose Kündigung muss allerdings innerhalb von 2 Wochen ausgesprochen werden nachdem der Grund bekannt geworden ist. In der Praxis wird der Auszubildende bei Verstößen zuerst abgemahnt. Wichtige Gründe bzgl. der **außerordentlichen Kündigung** für das Ausbildungsunternehmen: ▪ beharrliche Verstöße gegen die Lernpflicht, ▪ Fernbleiben vom Berufsschulunterricht, ▪ eigenmächtiger Antritt des Urlaubs, ▪ Tätlichkeiten gegen einen Ausbilder oder Mitarbeiter, ▪ Diebstahl. Wichtige Gründe bzgl. der **außerordentlichen Kündigung** für den Auszubildenden: ▪ schwere Verstöße gegen das Jugendarbeitsschutzgesetz, ▪ bei Nichtzahlung oder andauernden verspäteten Zahlung der Vergütung, ▪ Verstöße gegen die Ausbildungspflichten.

♦ Besonderheiten von Ausbildungsablauf und Prüfungsgestaltung ♦

Mehrstufige Ausbildung mit Ausstiegschance
Die AO (Ausbildungsordnung) kann vorsehen, dass die Ausbildung in Stufen abläuft, wobei der Auszubildende die Ausbildung nach der ersten Stufe beenden kann. Dies darf jedoch nicht zu „gestuften" Ausbildungsverträgen führen. Die Ausbildungsverträge müssen vielmehr über die volle Ausbildungszeit geschlossen werden. Ein Vorteil hierbei: Die „schwächeren" Auszubildenden erhalten die Möglichkeit, früher aufzuhören und dennoch ein IHK-Zeugnis zu erhalten. Sie gelten somit nicht als Abbrecher. Die Ausbildungsbetriebe sind nicht gezwungen, überforderte Auszubildende bis zum regulären Ausbildungsende auszubilden.

Mehrstufige Ausbildung mit Aufstiegschance
Aufeinander abgestimmte Berufsausbildungszweige sollen so miteinander koordiniert werden, dass ein Auszubildender zunächst einen zweijährigen Ausbildungsvertrag abschließt. Wird dieser Ausbildungsabschnitt erfolgreich absolviert, können der Auszubildende und der Betrieb vertraglich beschließen, ein drittes Ausbildungsjahr anzuhängen.

Gestreckte Prüfung
Die Abschlussprüfung wird hier in zwei Teile aufgeteilt, wobei in der Regel nach zwei Ausbildungsjahren der erste Teil und am Ende der Ausbildung der zweite Prüfungsteil absolviert wird. ▪ Im **ersten Teil** werden die grundlegenden Kenntnisse, Fertigkeiten und Fähigkeiten geprüft. ▪ Im **zweiten Teil** kann sich dann auf berufstypische Handlungskompetenz konzentriert werden. Die Zwischenprüfung fällt in diesem Fall weg.

Aufbau der Übungsaufgaben

Die Aufgaben in diesem Übungsbuch orientieren sich an den Aufgaben in der Ausbildereignungsprüfung. Hierbei unterscheiden wir zwischen den folgenden 2 Arten:

Aufgaben zum ankreuzen

15) Die erlassene Ausbildungsordnung bildet auch die Ziele für den ausbildenden Betrieb. Nennen Sie die Ziele innerhalb der betrieblichen Erstausbildung!

3

a)	Hinführen zur Handlungsfähigkeit	X
b)	Vermitteln von Fertigkeiten und Kenntnissen	X
c)	Pflichtbewusstsein und Gehorsam des Auszubildenden	
d)	Bestleistungen in Pädagogik	
e)	Förderung von Schlüsselqualifikationen	X

Hier sollen Sie die richtigen Aussagen ankreuzen. Die Zahl in dem grauen Feld gibt an, wie viele richtige Antworten es bei dieser Aufgabe gibt.

Aufgaben mit der Angabe der Reihenfolge

27) Benennen Sie den arbeitsrechtlichen Ablauf einer Klage bei einem bestehenden Ausbildungsverhältnis. Nummerieren Sie dafür die jeweils erforderlichen Schritte.

R

a)	Ein Schlichtungsausschuss muss aufgerufen werden	2
b)	Ein arbeitsrechtlicher Grund zur Klage muss vorliegen	1
c)	Nach einem oder keinen Schlichtungsausschuss kann bei einem Arbeitsgericht geklagt werden	
d)	In manchen Regionen kann es vorkommen, dass kein Schlichtungsausschuss besteht	3

Das „R“ steht für Reihenfolge: Hier sollen Sie die vorgegebenen Antworten in die richtige Reihenfolge bringen. Bei vier Aussagen muss es also auch vier Schritte geben, welche Sie hier in der richtigen Reihenfolge aufzeigen sollen.

Erstes Handlungsfeld

Ausbildungsvoraussetzungen prüfen und Ausbildung planen

Im Handlungsfeld 1 bzw. Schritt 1 geht es um folgende Grundfragen:

- Welche Vorteile und Nutzen bringen die betrieblichen Ausbildungen?
- Wie kann der betriebliche Ausbildungsbedarf geplant werden?
- Zwischen welchen Ausbildungsberufen kann man auswählen?
- Wer sind die Mitwirkenden und Beteiligten bei einer Ausbildung?
- Wie und wann ist ein Unternehmen als Ausbildungsbetrieb geeignet?
- Welche Strukturen existieren im Berufsbildungssystem?

Multiple-Choice-Übungsaufgaben

1) Die berufliche Bildung wird in Deutschland größtenteils durch das Berufsbildungsgesetz (abgekürzt: BBiG) geregelt. Bitte kreuzen Sie an, welche Bildungsbereiche genau durch dieses Gesetz betroffen sind! **3**

a) Berufliche Umschulungen ☐

b) Weiterbildungen (z.B. IHK-Lehrgänge) ☐

c) Berufliche Fortbildungen (zum beruflichen Aufstieg oder Anpassung) ☐

d) Berufliche (Erst-)Ausbildung ☐

e) Begleitender Berufsschulunterricht ☐

2) Sie wollen überprüfen, ob eine Ausbildung in einem neuen Ausbildungsberuf auch für Ihr Unternehmen sinnvoll sein könnte. Welche Informationen können Sie für diese Entscheidung miteinander vergleichen? **2**

a) Inhalte des jeweiligen Ausbildungsrahmenplans mit den betrieblichen Anforderungen ☐

b) Inhalte des jeweiligen Rahmenlehrplans mit den betrieblichen Anforderungen ☐

c) Prüfungsanforderungen mit den eigenen Produkten des Unternehmens ☐

d) Inhalte des jeweiligen Rahmenlehrplans mit den betrieblichen Ausbildungszielen ☐

3) Sie stellen fest, dass ein Teilbereich wegen fehlender betrieblicher Ausstattung einem Auszubildenden nicht vermittelt werden könnte. Was ist die Konsequenz aus dieser Erkenntnis? **1**

a) Eine Ausbildung in diesem Beruf ist nicht möglich ☐

b) Ein anderes Unternehmen oder eine Ausbildungsstätte für diese Inhalte sollte gesucht werden ☐

c) Die Berufsschule wird mit den fehlenden Lerninhalten beauftragt ☐

4) In welchem der folgenden Bereiche gilt das BBiG?

1

a) Bei einer systematischen Ausbildung innerhalb eines Betriebes ☐

b) Bei einer schulischen Monoausbildung innerhalb eines Berufes ☐

c) Bei einer Ausbildung im öffentlich-rechtlichen Dienstverhältnis ☐

5) Welche der folgenden Bereiche regelt das BBiG innerhalb der beruflichen Bildung?

4

a) Die Ausbildung an einer berufsbildenden Schule ☐

b) Die Berufsausbildung in der Wirtschaft ☐

c) Das Prüfungswesen innerhalb einer Berufsausbildung ☐

d) Die berufliche Umschulung ☐

e) Die besonderen Vorschriften innerhalb einer Ausbildung im Handwerk ☐

6) Welche Voraussetzungen müssen von Ihrem Unternehmen erfüllt werden, damit Sie dort mit der Ausbildung beginnen können?

2

a) Ein Ausbilder und ein Meister im Unternehmen müssen mindestens persönlich und fachlich geeignet sein ☐

b) Wenn in dem Unternehmen alle vorgeschriebenen Ausbildungsinhalte vermittelt werden können, reicht dies aus, um mit der Ausbildung beginnen zu können ☐

c) Einer der Arbeitskräfte im Unternehmen sollte mindestens über eine arbeitspädagogische Eignung verfügen, um in dem jeweiligen Beruf ausbilden zu können ☐

d) Mindestens der Geschäftsführer muss als Ausbildender auch persönlich geeignet sein und ein noch zu beauftragender Ausbilder muss persönlich und fachlich geeignet sein ☐

e) Es entscheidet nur die geeignete Einrichtung des Unternehmens ☐

7) Das Ausbilden an sich bedeutet nicht nur die Vermittlung von Fertigkeiten und Kenntnissen, sondern auch die erzieherische Betreuung und das Heranführen an Handlungskompetenzen. Welche Paragrafen des Berufsbildungsgesetzes lassen sich auf einen Ausbildungs- und Erziehungsauftrag zurückführen

1

a) § 27: Die Eignung der jeweiligen Ausbildungsstätte ☐

b) § 29: Die persönliche Eignung ☐

c) § 14: Die Pflichten des Ausbildenden und der Berufsausbildung ☐

d) § 11: Die Vertragsniederschrift bzgl. des Ausbildungsverhältnisses ☐

8) Nennen Sie die rechtlichen Voraussetzungen (=Eignungen), welche der Ausbilder erfüllen muss, um Auszubildende überhaupt ausbilden zu können!

2

a) Angemessene Berufserfahrung und persönliche Eignung ☐

b) Berufsausbildung im Ausbildungsberuf und arbeitspädagogische Fähigkeiten ☐

c) Einen zumindest erfolgreich abgeschlossenen Realschulabschluss ☐

d) Abgeschlossenes Studium mit Bestleistungen in Pädagogik ☐

9) Lernziele sind die Grundlagen in einer Ausbildung innerhalb des Betriebs. Welche der genannten Unterlagen beschreibt detailliert die Lernziele, welche der Auszubildende im Betrieb erlernen soll?

1

a) Der betriebliche Ausbildungsplan ☐

b) Die schriftlichen Vorgaben des Ausbildenden an den Ausbilder ☐

c) Der Rahmenlehrplan ☐

d) Der Ausbildungsrahmenplan ☐

e) Die Auflistung der Prüfungsanforderungen ☐

Ausgangsituation zu den Aufgaben 10 bis einschließlich 13

Sie sind Betriebsleiter der Power AG, einem mittelständischen Industrieunternehmen mit 150 Mitarbeitern. Der Geschäftsführer des Unternehmens hat in der aktuellen Mitteilung der Industrie- und Handelskammer eine Rechtsverordnung für einen neuen Ausbildungsberuf gelesen. Nun beauftragt er Sie, zu prüfen, ob der neue Ausbildungsberuf auch in Ihrem Unternehmen ausgebildet werden könnte.

10) Grundsätzlich sollte ein Ausbilder auch langfristige Aussage über den Bedarf an Auszubildenden eines bestimmten Ausbildungsberufs treffen können. Hierfür sind Untersuchungen im Bereich der Personalentwicklung erforderlich. Welche der folgenden Faktoren sind die Grundlage hierfür? **3**

a) Qualifikation von Mitarbeitern und die Entwicklung des Arbeitsmarkts ☐

b) Kündigungen von Führungskräften ☐

c) Anzahl von Mitarbeitern, die kurz vor dem Ruhestand stehen ☐

d) Strategische Entwicklung des Unternehmens ☐

e) Ausbau der Produktionskapazitäten ☐

11) Welche Voraussetzungen müssten u.a. erfüllt sein, damit die Ausbildung bzgl. des neuen Ausbildungsberufs in Ihrem Unternehmen auch möglich ist? **3**

a) Ausstattung und Einrichtung sollte geeignet sein ☐

b) Ausreichender Schutz vor einer Gefährdung (Leben, Gesundheit) ☐

c) Technisch hochwertige Ausstattung des Unternehmens ☐

d) Mengenmäßiges Verhältnis zwischen Auszubildenden und Fachkräften sollte in einem angemessenen Verhältnis stehen ☐

e) Inhaltes des Ausbildungsrahmenplans sollten vollständig vom Unternehmen vermittelt werden können ☐

12) Bei der Überprüfung der zu vermittelnden Fertigkeiten und Kenntnisse gemäß Ausbildungsrahmenplan stellen Sie fest, dass ein Teilbereich wegen fehlender technischer Ausstattung nicht in Ihrem Unternehmen vermittelt werden kann. Welche Konsequenzen hat diese Erkenntnis?

1

a) Sie müssen fehlende Inhalte theoretisch vermitteln ☐

b) Sie müssen fehlende Inhalte der Berufsschule mitteilen ☐

c) Sie müssen die betriebliche Einrichtung anpassen ☐

d) Sie müssen ein anderes geeignetes Unternehmen oder eine überbetriebliche Ausbildungsstätte mit der Vermittlung der fehlenden Inhalte beauftragen ☐

13) Ebenso müssen Sie noch überprüfen, welche gesetzlichen Anforderungen Sie als zukünftiger Ausbilder erfüllen müssen. Welche Aussagen sind hierbei zutreffend?

2

a) Sie müssen persönlich und fachlich geeignet sein ☐

b) Sie müssen nur persönlich geeignet sein ☐

c) Der Geschäftsführer kann eine geeignete Person als Ausbilder beauftragen ☐

d) Anforderungen können grundsätzlich nur von Führungskräften erfüllt werden ☐

14) Um eine Ausbildung und deren Verlauf planen zu können, kann man sich an den Ausbildungsordnungen orientieren. Kreuzen Sie die zuständige Stelle an, welche diese Ausbildungsordnungen erlässt! **1**

a) Die Kulturministerkonferenz ☐

b) Der Deutsche Bundestag ☐

c) Das Bundesministerium für Wirtschaft und Technologie oder das sonstige zuständige Fachministerium ☐

d) Der Berufsbildungsausschuss ☐

15) Die erlassene Ausbildungsordnung bildet auch die Ziele für den ausbildenden Betrieb. Nennen Sie die Ziele innerhalb der betrieblichen Erstausbildung! **3**

a) Hinführen zur Handlungsfähigkeit ☐

b) Vermitteln von Fertigkeiten und Kenntnissen ☐

c) Pflichtbewusstsein und Gehorsam des Auszubildenden ☐

d) Bestleistungen in Pädagogik ☐

e) Förderung von Schlüsselqualifikationen ☐

16) Welcher der folgenden genannten Personen bzw. Mitarbeiter im Unternehmen erfüllt die Eignung zum Ausbilden von Industriemechanikern uneingeschränkt? **1**

a) Herr Nikolic, 18 Jahre alt, Ausgebildeter Industriemechaniker ☐

b) Herr Thomsen, seit 7 Jahren als Industriemechaniker tätig, AEVO-Prüfung abgeschlossen ☐

c) Herr Kühne, 38 Jahre alt, Industriekaufmann, AEVO-Prüfung abgeschlossen ☐

d) Herr Mildner, 42 Jahre alt, keine Berufsausbildung, Doktorant in Erziehungswissenschaften ☐

e) Herr Özdemir, 35 Jahre alt, , Industriekaufmann, BWL-Studium ☐

17) Welche Aufgaben hat der Ausbildungsberater einer zuständigen Stelle? **3**

a) Überwachung der Eignung des Ausbilderpersonals ☐

b) Meldungen an das Bundesministerium bzgl. Ausbildungsberufen ☐

c) Beratung von Auszubildenden ☐

d) Beratung von Ausbildenden ☐

d) Beratung von Ausbildungsplatzsuchenden ☐

18) Wer im Unternehmen ist für die Eignung einer Ausbildungsstätte grundsätzlich verantwortlich? **1**

a) Der Auszubildende ☐

b) Die zuständige Stelle ☐

c) Der Ausbilder ☐

d) Der Ausbildende ☐

e) Der Prüfungsausschuss ☐

19) Die Arbeitswelt verändert sich ständig und somit auch die Ausbildung, die von den ausbildenden Fachkräften und Ausbildern mitgestaltet werden müssen. Kreuzen Sie die korrekten Aussagen hierzu an. **2**

a) Erzieherische Aufgaben des Ausbilders sind heute zweitrangig ☐

b) Eine Vorbildfunktion des Ausbilders ist wichtig ☐

c) Sozialkompetenz ist genauso wichtig wie die Fachkompetenz ☐

d) Schwerpunkte der Ausbildung liegen auf der Anpassung an den Betrieb ☐

e) Die höchste Bedeutung haben Automatisierung und Rationalisierung ☐

20) Welche wesentlichen Punkte bzgl. des Schutzes von Jugendlichen innerhalb eines Arbeitsverhältnisses werden vom Jugendarbeitsschutzgesetz geregelt? **2**

a) Kinder unter 13 Jahren dürfen nicht arbeiten; Mindestalter: 15 Jahre ☐

b) Kinder unter 14 Jahren dürfen nicht arbeiten; Mindestalter: 16 Jahre ☐

c) Arbeitszeit darf nur zwischen 6 und 20 Uhr liegen ☐

d) Arbeitszeit darf nur zwischen 8 und 18 Uhr liegen ☐

21) Die Anzahl von Urlaubstagen ist für Jugendliche gesetzlich festgelegt. Welchen Urlaubsanspruch haben Jugendliche unter 16 Jahren? **1**

a) Mindestens 24 Werktage ☐

b) Mindestens 30 Werktage ☐

c) Mindestens 26 Werktage ☐

d) Mindestens 35 Werktage ☐

22) Was genau besagt die gesetzlich geregelte Beschäftigung von Jugendlichen bzgl. Sonntage. Stichwort hierbei: Sonntagsruhe! **1**

a) Keine Regelung ☐

b) Mindestens 10 Sonntage im Jahr müssen beschäftigungsfrei bleiben ☐

c) Mindestens 2 Sonntage im Monat müssen beschäftigungsfrei bleiben ☐

d) Mindestens 3 Sonntage im Monat müssen beschäftigungsfrei bleiben ☐

e) Alle Sonntage müssen beschäftigungsfrei bleiben ☐

23) Was besagt das Mutterschutzgesetz bzgl. des Beschäftigungsverbots vor-, während und nach der Geburt? Stichwort: Mutterschutz

2

a) Beschäftigungsverbot von 6 Wochen vor Entbindung bis 8 Wochen nach der Entbindung ☐

b) Kündigungen sind in dem Zeitraum des gesetzlich geregelten Beschäftigungsverbots nicht zulässig ☐

c) Beschäftigungsverbot von 8 Wochen vor Entbindung bis 4 Wochen nach der Entbindung ☐

d) Kündigungen sind in dem Zeitraum des gesetzlich geregelten Beschäftigungsverbots nur unter Fristsetzung zulässig ☐

24) Benennen Sie die Grundaussagen bzw. Funktionsgrundsätze des dualen Ausbildungssystems in Deutschland!

2

a) Ausbildungsbetrieb und Berufsschule haben einen gemeinsamen Bildungsauftrag bzgl. des Auszubildenden ☐

b) Ausbildungsbetrieb und Berufsschule haben einen gemeinsamen Bildungsauftrag bzgl. des Ausbilders ☐

c) Ausbilder oder Ausbildender kooperieren mit anderen Institutionen im Bereich der privatwirtschaftlichen Weiterbildung ☐

d) Berufsschule vermittelt theoretisches Wissen und der Ausbildungsbetrieb das praktische Wissen ☐

25) Nennen Sie die vier wesentlichen Kompetenzbereiche, welche vor allem für Ausbilder erforderlich sind!

2

a) Medienkompetenz und Wissensmanagement ☐

b) Persönlichkeitskompetenz und Sozialkompetenz ☐

c) Methodenkompetenz und Fachkompetenz ☐

d) Interkulturelle Kompetenz und digitale Kompetenz ☐

26) Was genau regeln die Ausbildungsordnungen in Deutschland (abgekürzt: AO). Kreuzen Sie bitte die richtigen Aussagen hierzu an! **2**

a) Die AO regelt die Ausbildung eines bestimmten Berufes ☐

b) Für jeden staatlich anerkannten Ausbildungsberuf gibt es eine AO ☐

c) Die AO regelt die Berufsschulbesuche eines Auszubildenden ☐

d) Für jeden anerkannten Ausbildungsberuf gilt eine generelle AO ☐

27) Benennen Sie den arbeitsrechtlichen Ablauf einer Klage bei einem bestehenden Ausbildungsverhältnis. Nummerieren Sie dafür die jeweils erforderlichen Schritte. **R**

a) Ein Schlichtungsausschuss muss aufgerufen werden ☐

b) Ein arbeitsrechtlicher Grund zur Klage muss vorliegen ☐

c) Nach einem oder keinen Schlichtungsausschuss kann bei einem Arbeitsgericht geklagt werden ☐

d) In manchen Regionen kann es vorkommen, dass kein Schlichtungsausschuss besteht ☐

28) Wie genau wird ein Bruttoentgelt innerhalb eines Arbeitsverhältnisses definiert? Kreuzen Sie die richtige Aussage an. **1**

a) Bruttoentgelt = Nettoentgelt nach Auszahlung ☐

b) Bruttoentgelt = Lohn nach Abzügen ☐

c) Bruttoentgelt = Lohn oder Gehalt ohne Abzüge ☐

d) Bruttoentgelt = Gehalt nach Abzügen ☐

29) In einem Unternehmen erfüllt ein Ausbilder mehrere Funktionen und Rollen. Welche der folgenden Rollen beschreibt die Rolle eines Vorgesetzten? **1**

a) Weisungsempfänger ☐

b) Weisungsberechtigter ☐

c) Vorstandsvorsitzender ☐

d) Leistungserbringer ☐

30) Das Berufsbildungsgesetz schreibt für jeden anerkannten Ausbildungsberuf auch eine entsprechende Ausbildungsordnung vor. Was ist der Stellenwert einer solchen Ausbildungsordnung? **1**

a) Neben dem Berufsbildungsgesetz ist die Ausbildungsordnung eine der wichtigsten rechtlichen Grundlagen für die betriebliche Ausbildung ☐

b) Neben dem Berufsbildungsgesetz ist die Ausbildungsordnung eine der praktischen Grundlagen für die außerbetriebliche Ausbildung ☐

c) Die Ausbildungsordnung beschreibt vor allem schulische Lerninhalte, welche bereits in der Grundschulbildung gelehrt werden sollten ☐

d) Die Ausbildungsordnung beschreibt vor allem theoretische Lerninhalte, welche bereits in der Ausbildungsvorbereitung erlernt werden sollten ☐

31) Für jeden anerkannten Ausbildungsberuf schreibt das Berufsbildungsgesetz eine entsprechende Ausbildungsordnung vor. Was genau sind die Mindestinhalte einer Ausbildungsordnung? **3**

a) Dauer der Ausbildungszeit und Anzahl der Prüfungsfächer ☐

b) Anleitung zur sachlichen und zeitlichen Gliederung der Ausbildung ☐

c) Anleitung zum korrekten Ausfüllen des Ausbildungsvertrages ☐

d) Anzahl der Zwischenprüfungen innerhalb der Ausbildung ☐

e) Anzahl der zu zahlenden Gehälter ☐

32) In der Ausbildungsordnung werden auch detaillierte Kenntnisse und Fertigkeiten beschrieben. Wie nennt man diesen speziellen zu vermittelnden Inhalt der Ausbildungsordnung?

1

a) Ausbildungsstruktur ☐

b) Ausbildungsrahmenplan ☐

c) Ausbildungsdarstellung ☐

d) Ausbildungsberufsbild ☐

33) Welche Aussage wird generell durch das Berufsbildungsgesetz bzgl. der Ausbildungsdauer getroffen?

1

a) Die Ausbildungsdauer kann zwischen 2 und 4 Jahren betragen ☐

b) Die Ausbildungsdauer beträgt grundsätzlich 3 Jahre ☐

c) Die Ausbildungsdauer beträgt zwischen 2 und maximal 3 Jahren ☐

d) Die Ausbildungsdauer beträgt grundsätzlich 3,5 Jahre ☐

34) Was ist der Sinn und Zweck, dem ein Ausbildungsrahmenplan dient?

1

a) Er ist eine Anleitung zur sachlichen und zeitlichen Gliederung der Ausbildung und dient dem Ausbilder zur Erstellung des betrieblichen Ausbildungsplans ☐

b) Er ist eine Anleitung zur sachlichen und zeitlichen Gliederung der außerbetrieblichen Bildung ☐

c) Er ist eine Anleitung zur sachlichen und zeitlichen Gliederung der Lerninhalte für Ausbilder und deren Managementfähigkeiten ☐

d) Er ist eine Anleitung zur sachlichen und zeitlichen Gliederung der Prüfungsvorbereitung auf die Ausbildereignungsprüfung ☐

35) Welche Institution erlässt die Ausbildungsordnungen in Deutschland? **1**

a) Die Arbeitgeberverbände ☐

b) Der Bundestag ☐

c) Der zuständige Fachminister im Einvernehmen mit dem Bundesminister für Bildung und Forschung ☐

d) Der zuständige Arbeitgeberverband im Einvernehmen mit der internationalen Handelskammer in Paris ☐

36) Welche der folgenden genannten Formen sind Formen der Ausbildungsordnungen? **2**

a) Monoberufe mit Spezialisierung ☐

b) Dualisierte Berufe ☐

c) Gewerbliche Berufe ☐

d) Stufenausbildung ☐

37) Welche Institution ist für die Überwachung bzgl. der Eignung von Ausbildungsstätten zuständig? **1**

a) Das Kriminalamt ☐

b) Das Fachministerium ☐

c) Die zuständige Stelle ☐

d) Der EU-Ausschuss für Bildung ☐

LÖSUNGEN

1) a + c + d
2) a + d
3) b
4) a
5) b + c + d + e
6) d + e
7) c
8) a +b
9) d
10) a + c + d
11) a + b + d
12) d
13) a + c
14) c
15) a + b + e
16) b
17) a + c + d
18) d
19) b + c
20) a + c
21) b
22) c
23) a + c
24) a + d
25) b + c
26) a + b
27) 1 = b; 2 = a, 3 = d, 4 = c
28) c
29) b
30) a
31) a + b + d
32) b
33) c
34) a
35) c
36) a + d
37) c

Zweites Handlungsfeld

Ausbildungsvoraussetzungen prüfen und Ausbildung planen

Im Handlungsfeld 2 bzw. Schritt 2 geht es um folgende Grundfragen:

- Wie kann ein Ausbildungsplan erstellt werden?
- Wie verhält es sich bzgl. der Mitwirkung von betrieblichen Interessensvertretungen?
- Ausbildungsberufe auswählen
- Wie verläuft die Kooperation zwischen Betrieb und Berufsschule?
- Wie verläuft die Auswahl von den richtigen Auszubildenden?
- Wie wirkt man als Ausbilder bei der Einstellung und dem Vertragsabschluss mit?

Multiple-Choice-Übungsaufgaben

1) Zur Erstellung eines betrieblichen Ausbildungsplans sollte sich ein Ausbilder gewisser Hilfen bedienen. Welche genau sind das? 1

a) Ausbildungsrahmenplan ☐

b) Berufsbildungsgesetz ☐

c) Jugendarbeitsschutzgesetz ☐

d) Prüfungsordnung der zuständigen Stelle ☐

2) Ein Ausbildungsbetrieb und eine Berufsschule sind in dem System der dualen Ausbildung Partner. Welche Aufgaben kommen auf die Berufsschule in dieser Partnerschaft zu? 2

a) Vermittlung von Allgemeinbildung an die Auszubildenden ☐

b) Vermittlung von Wissen aus der Fachpraxis an die Auszubildenden ☐

c) Vermittlung von fachlicher Theorie an die Auszubildenden ☐

d) Vermittlung von handwerklichen Fertigkeiten ☐

3) Einem Ausbildungsrahmenplan wird auch immer der Rahmenlehrplan der jeweiligen Berufsschule gegenübergestellt. Nennen Sie eine wesentliche Funktion die dem Rahmenlehrplan in der Ausbildung zukommt! 1

a) Ein Rahmenlehrplan gibt die Inhalte des zu vermittelnden Lehrstoffes in der Berufsschule vor ☐

b) Ein Rahmenlehrplan gibt die Inhalte des zu vermittelnden Lehrstoffes für eine überbetriebliche Ausbildung vor ☐

c) Ein Rahmenlehrplan gibt die Inhalte des zu vermittelnden Lehrstoffes für die innerbetriebliche Ausbildung vor ☐

4) Warum sollte ein Ausbilder bei der Planung der betrieblichen Ausbildung auch die inhaltlichen Punkte des Rahmenlehrplans berücksichtigen? **1**

a) Die Beachtung des Rahmenlehrplans ist rechtlich vorgeschrieben ☐

b) Die Beachtung des Rahmenlehrplans ist für den betrieblichen Ablauf der Ausbildung irrelevant ☐

c) Die Beachtung des Rahmenlehrplans ermöglicht die Parallelität zwischen Praxis und Theorie ☐

5) Welche didaktischen Prinzipien sollten bei der Ausbildungsplanung berücksichtigt werden? **2**

a) Verlauf der Wissensvermittlung vom speziellen zum allgemeinen ☐

b) Verlauf der Wissensvermittlung vom abstrakten zum konkreten ☐

c) Verlauf der Wissensvermittlung vom manuellen zum kognitiven ☐

d) Verlauf der Wissensvermittlung vom einfachen zum schweren ☐

e) Verlauf der Wissensvermittlung vom einfachen zum zusammengesetzten ☐

6) Wie können Verkürzungen aufgrund der Vorbildung eines Auszubildenden bei der Ausbildungsplanung berücksichtigt werden? **2**

a) Bei Allgemeiner Hochschulreife kann dies dem Auszubildenden auf die Dauer seiner Ausbildung angerechnet werden ☐

b) Bei einem Berufsgrundbildungsjahr (BGJ) besteht die Möglichkeit der Anrechnung auf die Ausbildungsdauer ☐

c) Bei einer schulischen Vorbildung mit erhöhter Sprachenkompetenz besteht die Möglichkeit der Anrechnung auf die Ausbildungsdauer ☐

d) Bei einer betrieblichen Vorbildung durch mehrere erfolgte Praktika besteht die Möglichkeit der Anrechnung auf die Ausbildungsdauer ☐

e) Bei einem überdurchschnittlichen Realschulabschluss kann dies dem Auszubildenden auf die Dauer seiner Ausbildung angerechnet werden ☐

7) Was ist die genaue Funktion eines Versetzungsplans? **1**

a) Er beschreibt Versetzungen innerhalb der Berufsschule ☐

b) Er beschreibt sämtliche Versetzungen in allgemeinbildenden Schulen ☐

c) Er beschreibt, wo sich welcher Auszubildende in welcher Zeit befindet ☐

8) Welche Fähigkeiten und/oder Vorbildung sollte ein Bewerber auf einen Ausbildungsplatz zum „Industriekaufmann" unbedingt bereits besitzen? **2**

a) Physische Gesundheit und Fitness ☐

b) Schriftliches Ausdrucksvermögen ☐

c) Allgemeine Hochschulreife ☐

d) Aufgeschlossenheit und Lernbereitschaft ☐

e) Kaufmännisches Wissen ☐

9) Was sollte unbedingt während der Erstellung eines Ausbildungsplans vom Ersteller beachtet werden? **2**

a) Mathematische Theorien der jeweiligen Berufsschule müssen auch im betrieblichen Ablauf durch den Ausbildungsplan wiederholt werden ☐

b) Die zu vermittelnden Kenntnisse und Fähigkeiten werden hierbei den entsprechenden vorgesehenen Lernorten zugeordnet ☐

c) Die zu vermittelnden Kenntnisse und Fähigkeiten werden hierbei nicht erwähnt, sondern lediglich der grobe Ablauf einer Ausbildung ☐

d) Unterschiedliche Ausbildungsabschnitte und deren Dauer werden in einem betrieblichen Ausbildungsplan festgelegt ☐

e) Unterschiedliche Ausbildungsabschnitte und deren Inhalt müssen nur mit einem Verweis auf gesetzliche Grundlagen erwähnt werden ☐

Ausgangsituation zu den Aufgaben 10 bis 14

Nachdem Sie als Betriebsleiter der Power AG die Planung abgeschlossen haben, beginnen Sie mit der Akquisition von Bewerbern für die freien Ausbildungsplätze. Insgesamt sind fünf Ausbildungsplätze in unterschiedlichen Bereichen zur Besetzung ausgeschrieben. Der Geschäftsführer und Inhaber des Unternehmens erwartet von Ihnen, dass Sie die Beschaffung und Auswahl der Auszubildenden möglichst kostengünstig gestalten.

10) Die Power AG verfügt auch über einen Betriebsrat im Unternehmen. Welche Entscheidungen unterliegen der Mitbestimmung durch den Betriebsrat? **2**

a) Die Entscheidung einen Auszubildenden einzustellen ☐

b) Die Entscheidung nur gewerblich auszubilden ☐

c) Den Einsatz eines Personalfragebogens und Einstellungstests ☐

d) Die innerbetriebliche Ausschreibung über den Ausbildungsplatz ☐

11) Welche sinnvollen Möglichkeiten könnte das Unternehmen nutzen, um die Ausbildungsplätze möglichst kostengünstig aber auch effizient auszuschreiben? **3**

a) Meldung der freien Ausbildungsplätze bei der Agentur für Arbeit ☐

b) Ausschreibung in einer spanischen Urlauberzeitschrift ☐

c) Innerbetriebliche Ausschreibung der Ausbildungsplätze ☐

d) Eine Anzeige in einem kostenfreie Werbeprospekt für Rechtsanwälte ☐

e) Ausschreibung bzw. Bewerbung in sozialen Netzwerken ☐

12) Die Ausschreibung der Ausbildungsplätze ergibt einen Rücklauf von bis zu 100 Bewerbungen für die fünf freien Ausbildungsplätze. Sie müssen als Verantwortlicher für die Einstellung nun eine Vorauswahl aller eingesandten Bewerbungen vornehmen. Wie gehen Sie dabei sinnvoll vor? **1**

a) Sie wählen nur die Bewerber mit den besten Schulleistungen aus ☐

b) Sie unterhalten sich direkt mit den Eltern der Auszubildenden ☐

c) Sie wählen die umfangreichsten Bewerbungen aus ☐

d) Sie vergleichen die Anforderungsprofile mit den Bewerbungen ☐

13) Nach der Vorauswahl aller eingesandten Bewerbungen kommen nun 12 Bewerber in die engere Auswahl. Welches Vorgehen im weiteren Auswahlprozess erscheint Ihnen sinnvoll? **2**

a) Sie laden die Bewerber zu einem Ausbildungs-Assessment ein ☐

b) Alle Bewerber werden von einem Psychologen untersucht ☐

c) Sie laden die Bewerber zum Vorstellungsgespräch ein ☐

d) Neben den Vorstellungsgesprächen sind auch Einstellungstests sinnvoll ☐

14) Wie genau gestalten Sie ein abschließendes Vorstellungsgespräch mit den Bewerbern? **3**

a) Sie beteiligen mehrere Mitarbeiter an den Gesprächen, um die Bewerber neutral bewerten zu können ☐

b) Sie nehmen sich ausreichend Zeit für die Gespräche und sorgen für eine angenehme Atmosphäre ☐

c) Sie beteiligen eine weitere Person aus dem Unternehmen an den Gesprächen ☐

d) Sie gestalten den Ablauf der Vorstellungsgespräche mit zielorientierten Fragen und machen sich gleichzeitig auch wichtige Notizen zu jedem Gespräch ☐

15) Welche Fragen sind generell in einem Vorstellungsgespräch unzulässig oder müssen von den Bewerbern nicht wahrheitsgemäß beantwortet werden?

3

a) Fragen nach einem freiwilligen sozialen Jahr

b) Fragen nach den religiösen Ansichten eines Bewerbers

c) Fragen nach einem vorhandenen Führerschein

d) Fragen nach einer vorliegenden Schwangerschaft

e) Fragen nach der Zugehörigkeit zu einer Gewerkschaft

16) Zu welchem Zeitpunkt sind Berufsausbildungsverträge bereits als rechtswirksam abgeschlossen zu betrachten?

1

a) Mit dem ersten Arbeitstag des Auszubildenden

b) Bereits ab der mündlichen Vereinbarung

c) Erst ab der vollständigen Unterzeichnung des Ausbildungsvertrags

d) Erst ab der Unterzeichnung und Einverständnis der Eltern

e) Erst ab der Anmeldung bei der jeweiligen Berufsschule

17) Welche der folgenden aufgezählten Vereinbarungen entspricht auch den Vorschriften des BBiG?

1

a) Die Höhe der Ausbildungsvergütung beträgt in jedem Jahr der Ausbildung 520 Euro

b) Die Probezeit beträgt generell sechs Monate für jedes Ausbildungsverhältnis

c) Die regelmäßige tägliche Ausbildungszeit beträgt acht Stunden

d) Die Auszubildenden müssen die Kosten für ihre Arbeit selber tragen und können diese steuerlich absetzen

e) Den Auszubildenden steht im ersten Ausbildungsjahr kein Urlaub zu

18) Wie kann ein Betriebsrat bei der bevorstehenden Einstellung eines Auszubildenden mitwirken? **2**

a) Er besitzt keine Möglichkeit um mitzuwirken ☐

b) Er kann nur über die zuständige Stelle mitwirken ☐

c) Er kann bei der Einstellung generell mitbestimmen ☐

d) Ihm müssen die Bewerbungsunterlagen vorgelegt werden ☐

e) Ihm muss nur der geschlossene Ausbildungsvertrag gezeigt werden ☐

19) Wer sind die Vertragspartner in einem Berufsausbildungsvertrag (abgekürzt: BAV)? **3**

a) Die Berufsschule ☐

b) Der Ausbilder ☐

c) Der Auszubildende ☐

d) Der Ausbildende, der selbst ausbildet ☐

e) Der Ausbildende, der nicht selbst ausbildet ☐

20) Welche Inhalte müssen nach dem BBiG unbedingt auch Inhalte eines Berufsausbildungsvertrags sein? **3**

a) Das Ziel der Ausbildung ☐

b) Die detaillierte Beschreibung des Berufsbildes ☐

c) Die Höhe der Vergütung ☐

d) Die möglichen Vertragsstrafen ☐

e) Die Dauer des Urlaubs ☐

f) Die Vergütung nach Beendigung der Ausbildung ☐

21) Wann muss ein Berufsausbildungsvertrag geschlossen werden? **1**

a)	Innerhalb der Probezeit	☐
b)	Spätestens vor der Zwischenprüfung	☐
c)	Spätestens vor Beginn der Ausbildung	☐
d)	Innerhalb der ersten Ausbildungswoche	☐
e)	Innerhalb des ersten Ausbildungsmonats	☐

22) Beginn und Dauer müssen in einem Berufsausbildungsvertrag geregelt sein. Welche der folgenden Aussagen ist die richtige bzgl. der anzugebenden Dauer? **1**

a)	Nur der genaue Anfangstermin muss im Vertrag genannt werden, weil die Ausbildungszeit sich möglicherweise verlängern könnte	☐
b)	Nur der genaue Anfangstermin muss im Vertrag genannt werden, weil die Ausbildungszeit sich auch verkürzen könnte	☐
c)	Es müssen der konkrete Anfangs- und Beendigungstermin angegeben werden	☐
d)	Es müssen nur schulische Termine und die Termine der Prüfungen angegeben werden	☐

23) Welche rechtlichen Quellen sollten bei der Bestimmung der täglichen Ausbildungszeit (Dauer) berücksichtigt werden? **2**

a)	BBiG (Berufsbildungsgesetz)	☐
b)	EU-Vorgaben bzgl. Arbeitszeitkonvention	☐
c)	ArbZG (Arbeitszeitgesetz)	☐
d)	HGB (Handelsgesetzbuch)	☐
e)	Empfehlungen der zuständigen Stelle	☐
f)	BGB (Bürgerliches Gesetzbuch)	☐

Ausgangsituation zu den Aufgaben 24 bis 27

In den letzten zehn Jahren hat sich in der Arbeitsorganisation der Power AG viel geändert. Flexible Arbeitszeit, abgeflachte Hierarchie, dezentralisierte Arbeitsplätze, ganzheitliches Arbeiten in Zirkeln und Gruppen hat um sich gegriffen. Sie können sich nun als Verantwortlicher nicht mehr sicher sein, ob die heutigen Arbeitsplätze auch noch als Ausbildungsplätze tauglich sind und führen deshalb eine Ausbildungsplatzanalyse durch.

24) Was genau versteht man unter einer Ausbildungsplatzanalyse? **2**

a) Die Untersuchung, an welchem Arbeitsplatz welche Ausbildungsinhalte am erfolgreichsten vermittelt werden können ☐

b) Die Untersuchung, an welchem Arbeitsplatz der Ausbilder die besten Fortbildungsmöglichkeiten betrachten und wahrnehmen kann ☐

c) Die Untersuchung, ob an einem Arbeitsplatz nicht nur fachliche Kenntnisse und Fertigkeiten vermittelt werden können, sondern auch fachübergreifende Schlüsselqualifikationen ☐

d) Die analytische Arbeitsplatzbewertung zur Einordnung in den Ausbildungsplan ☐

25) Welche der folgenden Vorstellungen werden mit dem Lernort Arbeitsplatz verbunden? **3**

a) Ein Arbeitsplatz an dem die höchst mögliche Produktivität erreicht werden kann ☐

b) Ein räumlich klar definierter und umrissener Ort, an dem produktiv gearbeitet wird ☐

c) Ein Arbeitsplatz der nach ökonomisch-technischen Gesichtspunkten gestaltet und mit dem Ausbilder vereinbar ist ☐

d) Ein Arbeitsplatz an dem geplantes, organisiertes Lernen stattfinden kann ☐

e) Ein Arbeitsplatz, an dem mithilfe der vorhandenen Arbeits- und Lernmittel die in der Ausbildungsordnung vorgegebenen Lerninhalte methodisch wirkungsvoll erworben werden können ☐

26) Berufliches Lernen muss nicht unbedingt an den Arbeitsplätzen stattfinden. Lernorte können sich auch in zentralen, produktionsunabhängigen Bildungseinrichtungen befinden. Kreuzen Sie mögliche sinnvolle Beispiele hierzu an! **3**

a) Lerninseln ☐

b) Lehrwerkstätten ☐

c) Forschungslabore ☐

d) Juniorfirmen ☐

e) Selbstlernzentren ☐

27) In zentralen Lernorten versuchen Lehrende immer häufiger auch Methoden einzusetzen, welche dem echten betrieblichen und beruflichen Geschehen möglichst nahe kommen. Welche der folgenden aufgezählten Methoden könnte der Simulation echter betrieblicher Vorgänge dienen? **2**

a) Der Dialog am Arbeitsplatz ☐

b) Die Beistellmethode ☐

c) Das Rollenspiel ☐

d) Die Fallstudie ☐

e) Das Beurteilungsgespräch ☐

28) Die Dauer der täglichen und regelmäßigen Ausbildungszeit wird im Berufsausbildungsvertrag festgelegt. Welche der folgenden Aussagen ist diesbezüglich zutreffend? **2**

a) Auszubildenden ist die Mehrarbeit verboten ☐

b) Ein volljähriger Auszubildender kann 6 Tage pro Woche arbeiten ☐

c) Ein volljähriger Auszubildender kann 48 Stunden pro Woche arbeiten ☐

d) Ein jugendlicher Auszubildender darf 36 Stunden pro Woche arbeiten ☐

e) Auszubildende dürfen generell nicht mehr als 40 Stunden arbeiten ☐

29) Kann ein Auszubildender mit 40 Stunden in der Woche darauf bestehen, nach einem sechsstündigen Berufsschultag nicht mehr im Betrieb erscheinen zu müssen? Entscheiden Sie sich für die rechtlich richtige Antwort! **1**

a) Nein, weil das Arbeitsgesetz einen 8-Stunden-Tag vorsieht ☐

b) Ja, weil eine generelle Freistellung nach der Berufsschule besteht ☐

c) Ja, weil dies im Arbeitsgesetz so geregelt ist ☐

d) Die Entscheidung liegt bei der zuständigen Stelle ☐

30) Welche der folgenden Aussagen bzgl. der Dauer des Urlaubs, welcher im Berufsausbildungsvertrag festgelegt ist, sind zutreffend? **2**

a) Für jugendliche Auszubildenden gibt es gesonderte Regelungen ☐

b) Die Anzahl der Urlaubstage wird von der zuständigen Stelle bestimmt ☐

c) Die Anzahl der Urlaubstage ist Verhandlungssache ☐

d) Wenn ein Tarifvertrag günstiger ist, gilt dieser bzgl. des Urlaubs ☐

e) Das Bundesurlaubsgesetz schreibt hierbei 16 Werktage vor ☐

31) Welche grundsätzlichen Pflichten hat ein Ausbildender? **3**

a) Zahlungspflicht für Lernmaterialien aller Art ☐

b) Bereitstellungspflicht eines Firmenwagens ☐

c) Die Ausbildungspflicht ☐

d) Pflicht zur Freistellung für Prüfungen ☐

e) Pflicht zur Urlaubsgewährung ☐

32) Welche der folgend genannten Vereinbarungen in einem Berufsausbildungsvertrag wären rechtlich betrachtet nichtig? **2**

a) Dauer des Urlaubs von 25 Werktagen ☐

b) Sachliche und zeitliche Gliederung der Ausbildung ☐

c) Verpflichtung zur Mehrarbeit über die Ausbildungszeit hinaus ☐

d) Senkung der Ausbildungsvergütung bei negativen Prüfungsergebnissen ☐

e) Bonusvereinbarung bei guten Leistungen in der Berufsschule ☐

33) Bei der zuständigen Stelle muss ein Ausbildungsverhältnis in das entsprechende Verzeichnis eingetragen werden. Wer muss diese Eintragung beantragen? **1**

a) Die Berufsschule ☐

b) Der Betriebsrat ☐

c) Der Ausbildungsberater ☐

d) Die Stadtverwaltung ☐

e) Der Ausbildende ☐

f) Der Auszubildende ☐

34) Ein Auszubildender muss vom Ausbildenden auch bei den Sozialversicherungsträgern angemeldet werden. Bei welchen der folgend genannten muss eine solche Anmeldung erfolgen? **2**

a) Private Krankenversicherung ☐

b) Betriebliche Altersvorsorge ☐

c) Gesetzliche Krankenversicherung ☐

d) Gesetzliche Arbeitslosenversicherung ☐

e) Gesetzliche Ausbildungsversicherung ☐

35) Welche der folgenden Aussagen bzgl. der Ausbildungsvergütung sind korrekt? **2**

a) Eine Ausbildungsvergütung kann ein gleichbleibender Betrag sein ☐

b) Nach § 15 BBiG sollte die Vergütung 400 Euro nicht übersteigen ☐

c) Nach § 15 BBiG sollte die Vergütung 500 Euro nicht unterschreiten ☐

d) Eine Ausbildungsvergütung sollte nach § 17 BBiG angemessen sein ☐

e) Sie sollte mit fortschreitender Ausbildung jährlich ansteigen ☐

36) Was sollte beim Berufsausbildungsvertrag (bei jugendlichen Auszubildenden) in das Verzeichnis der Berufsausbildungsverhältnisse beigefügt werden? **1**

a) Die Bescheinigung über ein polizeiliches Führungszeugnis ☐

b) Die Bescheinigung über eine ärztliche Erstuntersuchung ☐

c) Die letzten 3 Zeugnisse der allgemeinbildenden Schulen ☐

d) Die Geburtsurkunde des Auszubildenden ☐

e) Der Vergütungsplan des Auszubildenden ☐

37) Welche der folgenden Mitwirkungsmöglichkeiten hat die Jugend- und Auszubildendenvertretung? **2**

a) Überwachung der Berufsschule ☐

b) Überwachung des geltenden Rechts ☐

c) Mitspracherecht bei Geschäftsentscheidungen ☐

d) Verbesserungsvorschläge und Anregungen ☐

38) Welche der folgenden Rechte hat ein Betriebsrat im Bereich der Berufsbildung? **3**

a) Auswahlrecht bzgl. der Berufsschule ☐

b) Auswahlrecht bzgl. der zuständigen Stelle ☐

c) Mitbestimmungsrecht ☐

d) Informationsrecht ☐

e) Entscheidungsrecht bei strategischen Entscheidungen ☐

f) Beratungsrecht ☐

39) Welche der folgenden Interessensvertretungen können im Betrieb Einfluss auf die Ausbildung haben? **4**

a) Deutsche Sportlervereinigung ☐

b) Jugend- und Auszubildendenvertretung ☐

c) Vorstand der zuständigen Stelle ☐

d) Schwerbehindertenvertretung ☐

e) Betriebsrat ☐

f) Europäische Kommission ☐

g) Gleichstellungsbeauftragte ☐

LÖSUNGEN

1) a
2) a + c
3) a
4) c
5) d + e
6) a + b
7) c
8) b + d
9) b + d
10) c + d
11) a + c + e
12) d
13) c + d
14) b + c + d
15) b + d + e
16) b
17) c
18) c + d
19) c + d + e
20) a + c + e
21) c
22) c
23) a + c
24) a + c
25) b + d + e
26) b + d + e
27) c + d
28) b + c
29) a
30) a + d
31) c + d + e
32) c + d
33) e
34) c + d
35) d + e
36) b
37) b + d
38) c + d + f
39) b + d + e + g

Drittes Handlungsfeld

Ausbildung durchführen

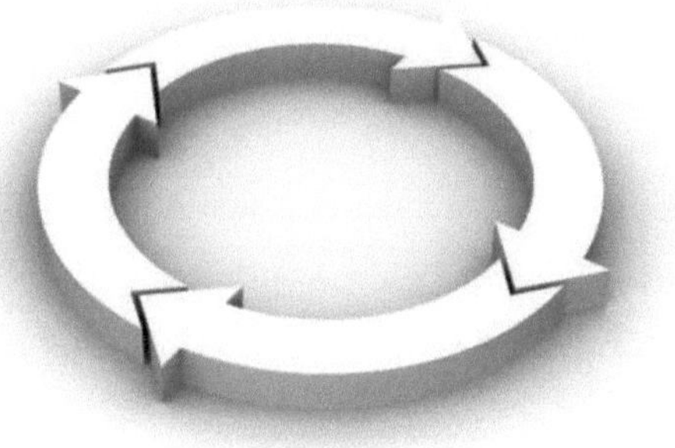

Im Handlungsfeld 3 bzw. Schritt 3 geht es um folgende Grundfragen:

- Wie kann die Einführung der Auszubildenden und die Probezeit geplant werden?
- Wie können lernfördernde Bedingungen geschaffen und Lern- sowie Arbeitsaufgaben realisiert werden?
- Wie können Ausbildungsmethoden eingesetzt werden?
- Welche Ausbildungsmethoden können eingesetzt werden?
- Wie reagiert man am besten auf Lernschwierigkeiten und Verhaltensauffälligkeiten?
- Wie können interkulturelle Kompetenzen gefördert werden?
- Wie erfolgen die Bewertung und die Beurteilung der Auszubildenden?

Multiple-Choice-Übungsaufgaben

1) Auszubildende sollten schon am ersten Tag ihrer Ausbildung positiv auf die Berufsausbildung eingestimmt werden. Mit welchen Maßnahmen könnte dieses Ziel erreicht werden? **3**

a) Besprechung von organisatorischen Inhalten ☐

b) Erläuterung des betrieblichen Ausbildungsplans ☐

c) Betriebsrundgang mit Hinweis auf relevante Abteilungen ☐

d) Hinweise auf Konsequenzen bei Fehlverhalten ☐

e) Mitarbeit bei Abteilungen mit derzeitigen Personalmangel ☐

2) Welche Bedeutung kommt der Probezeit in einem Ausbildungsverhältnis zu? **1**

a) Die Probezeit kann vom Ausbildenden jederzeit verlängert werden und ist daher ohne Bedeutung ☐

b) Auszubildende sollten während der Probezeit nur theoretische Kenntnisse im Betrieb erlangen ☐

c) Die Probezeit ist innerhalb eines Ausbildungsverhältnisses mit einer Zeit von vier Wochen wesentlich kürzer als bei Fachkräften ☐

d) In der Probezeit soll der Ausbildende erkennen, ob der Auszubildende ausreichend für die Ausbildung geeignet ist ☐

3) Durch welche Merkmale sind Multiple-Choice-Aufgaben gekennzeichnet? **2**

a) Sie sind objektiv und auswertbar ☐

b) Man kann einen großen Kenntnisbereich überprüfen ☐

c) Die sprachliche Ausdrucksweise wird überprüft ☐

4) Zählen Sie die richtige aufeinanderfolgende Reihenfolge der Lernzieltaxonomie auf! **R**

a) Reorganisation (Verstehen) ☐

b) Selbstständig Handeln ☐

c) Lerntransfer (Anwenden) ☐

d) Reproduktion (Wissen) ☐

5) Ein operationalisiertes Lernziel ist vor allem ein Lernziel in der praktischen Umsetzung einer Aufgabe. Kreuzen Sie die drei Bestandteile an, aus denen sich ein solches Lernziel zusammensetzt! **3**

a) Die Beschreibung eines beobachtbaren Verhaltens ☐

b) Die Beschreibungen der Management-Hierarchien ☐

c) Ein Maßstab, der das Lernziel objektiv überprüfen lässt ☐

d) Die Bedingungen, unter denen das Endverhalten erreicht wird ☐

6) Zählen Sie die unterschiedlichen Fähigkeiten auf, welche man der sogenannten „Sozialkompetenz" zuordnen kann! **4**

a) Einfühlungsvermögen und Toleranz ☐

b) Ordnungsgemäße Aufgabenbearbeitung ☐

c) Teamfähigkeit und Kooperationsbereitschaft ☐

d) Abwesenheitsbenachrichtigungen im E-Mail-Konto ☐

e) Verantwortungsbewusstsein und Kommunikationsfähigkeit ☐

f) Gepflegtes Auftreten und optisch ansprechendes Aussehen ☐

g) Kritikfähigkeit ☐

7) Zählen Sie die unterschiedlichen Fähigkeiten auf, welche man der sogenannten „Methodenkompetenz“ zuordnen kann! **2**

a) Zeitmanagement und Organisation ☐

b) Kritische Auseinandersetzung mit Dienstplänen ☐

c) Selbstständige Planung und selbstständiges Handeln ☐

d) Pünktliches Erscheinen, Termintreue ☐

8) Mit einem Lernziel wird eine bestimmte Verhaltensveränderung des Auszubildenden verfolgt. Welche Bedeutung kommt hierbei der Lernerfolgskontrolle zu? **1**

a) Die Lernerfolgskontrolle misst die Produktivität ☐

b) Die Lernerfolgskontrolle bestätigt die Richtigkeit eines Lernprozesses ☐

c) Die Lernerfolgskontrolle betrifft nur die berufsschulischen Aktivitäten ☐

d) Die Lernerfolgskontrolle misst die finanzwirtschaftlichen Faktoren ☐

9) Mehrere Auszubildende und/oder Mitarbeiter können sich im Unternehmen zu Gruppen zusammenschließen. Kreuzen Sie die unterschiedlichen Aktionsformen von solchen Gruppen an! **3**

a) Die Rationalisierung ☐

b) Die Gruppenarbeit ☐

c) Der Ablauf von operativen Prozessen ☐

d) Rollenspiele und Brainstorming ☐

e) Planspiele und Projektarbeiten ☐

f) Korrespondenz gegenüber Kunden ☐

Ausgangsituation zu den Aufgaben 10 bis einschließlich 14

Für die nächsten zwei Monate sollen 5 neue Auszubildende in der Power AG entsprechend dem erstellten Durchlaufplan auch in Ihrer eigenen Fachabteilung eingesetzt werden. Neben der Vermittlung von fachlichen Inhalten sollen Sie auch die fachübergreifenden Qualifikationen der Auszubildenden fördern.

10) Wenn Sie den Tag, an dem die Auszubildenden das erste Mal in Ihrer Abteilung eingesetzt sind, mit einer Unterweisung beginnen, müssen Sie schnellstmöglich... **3**

a) ...einen entspannten ersten Kontakt zu den Auszubildenden herstellen ☐

b) ...über Gefahrenquellen und Sicherheitsmaßnahmen informieren ☐

c) ...Herausfinden ob die Auszubildenden schon alles wissen ☐

d) ...den Auszubildenden die Arbeitsmittel erklären, welche relevant sind ☐

11) Um die Auszubildenden selbstständiger werden zu lassen und mit Ihrer Abteilung vertraut zu machen, müssen Sie.... **1**

a) ...den Auszubildenden die Möglichkeit bieten, einige vorgegebene Ausbildungsinhalte sich selbst oder gemeinsam in der Gruppe zu erarbeiten ☐

b) ...sämtliche Unterweisungen schriftlich und auch visuell für die Auszubildenden vorbereiten und diese vorführen. ☐

c) ...sämtliches schulisches Grundwissen der Auszubildenden noch einmal durch intensive Wiederholung vermitteln ☐

d) ...Arbeitsvorgänge von anderen Abteilungen genauestens erklären, um das Verständnis der Relevanz Ihrer Abteilung hervorzuheben ☐

e) ...erste Lern- und Arbeitsergebnisse sofort überprüfen und die Auszubildenden auf die Konsequenzen von mangelhafter Leistung hinweisen. ☐

12) Um auch noch fachübergreifende Qualifikationen fördern zu können, muss man bei der Gestaltung von Lernprozessen unbedingt darauf achten, dass... **2**

a) ...der Schwierigkeitsgrad der Aufgaben hoch angesetzt wird ☐

b) ...die Auszubildenden sprachlich gefordert und gefördert werden ☐

c) ...die Lernziele alphabetisch abgearbeitet werden ☐

d) ...vorrangig handlungsorientierte Methoden eingesetzt werden ☐

13) Die Auszubildenden sollen ein von Ihnen vorgegebenes Problem mit der Hilfe der Projektmethode lösen. Zur Lösung der Teilaufgaben sollen Gruppen gebildet werden. Welche Art der Gruppenbildung ist hierbei Ihrer Meinung nach für die Aufgabenlösung sinnvoll? **1**

a) Die Zusammensetzung der Gruppen nach dem Zufallsprinzip ☐

b) Die Zusammensetzung der Gruppen durch die Auszubildenden ☐

c) Die Zusammensetzung der Gruppen durch den Ausbilder ☐

d) Die Zusammensetzung der Gruppen nach Leistungskriterien ☐

14) Am Ende der Gruppenarbeit sollen die Ergebnisse präsentiert werden und in einer anschließenden Diskussion analysiert werden. Welche der folgenden Methoden könnten hierfür geeignet sein? **3**

a) Eine Moderationssoftware ☐

b) Eine digitale LED-Leinwand mit Dolby Surround ☐

c) Ein Tageslichtprojektor (Overhead) ☐

d) Eine Wandtafel ☐

e) Eine Pinnwand ☐

15) Welche der folgend aufgezählten Arbeitnehmer fallen unter einen besonderen Kündigungsschutz? **1**

a) Alle Auszubildenden nach Ablauf der Probezeit ☐

b) Alle Auszubildenden während der Probezeit ☐

c) Alle Jugendliche zwischen 16 und 18 Jahren ☐

d) Alle Arbeitnehmer ab dem 25. Lebensjahr ☐

16) In welchem der folgend genannten Fälle würde ein Unternehmen gegen das Jugendarbeitsschutzgesetz verstoßen? **1**

a) Einem 17-Jährigen werden 27 Werktage als Urlaub gewährt ☐

b) Ein 17-Jähriger wird mit Akkordarbeit betraut ☐

c) Ein 18-Jähriger arbeitet am Fließband ☐

d) Ein 16-Jähriger wird zeitweilig mit körperlich harter Arbeit betraut ☐

17) Sie erarbeiten einen Tagesablaufplan für die Auszubildenden. Wie viele Minuten Ruhepause müssen Sie einplanen, wenn die Jugendlichen täglich mehr als 6 Stunden arbeiten? **1**

a) 20 Minuten ☐

b) 45 Minuten ☐

c) 60 Minuten ☐

d) 90 Minuten ☐

e) 120 Minuten ☐

f) 2 x 15 Minuten ☐

g) 2 x 45 Minuten ☐

18) In welchem der folgenden Fälle wird ein Berufsschultag nicht auf die tägliche Arbeitszeit mit 8 Stunden angerechnet? **1**

a) Schultage mit mehr als 6 Stunden je 60 Minuten ☐

b) Schultage mit 6 Zeitstunden je 60 Minuten ☐

c) Schultage mit 5 Unterrichtstunden je 45 Minuten ☐

d) Schultage mit mehr als 5 Unterrichtsstunden je 45 Minuten ☐

19) Einige Mitarbeiter fallen krankheitsbedingt im Betrieb aus. Darf der Ausbilder von einem jugendlichen Auszubildenden verlangen, dass dieser nach dem Berufsschulunterricht noch in den Ausbildungsbetrieb kommt? **1**

a) Ja, wenn die Unterrichtszeit nur 6 Zeitstunden betragen hat ☐

b) Nein, wenn der Auszubildende noch ein Jugendlicher ist ☐

c) Ja, wenn die Unterrichtszeit nur 5 Unterrichtsstunden zu jeweils 45 Minuten betragen hat ☐

d) Ja, aufgrund der besonderen Situation ☐

20) Wann sollte generell ein Lob vom Ausbilder an den Auszubildenden ausgesprochen werden? **1**

a)	Nach Möglichkeit erst nach einem längeren Zeitraum, um den Auszubildenden nicht abzulenken	☐
b)	Nach Möglichkeit direkt nach der erbrachten Leistung	☐
c)	Nach Möglichkeit schon bevor irgendwelche Leistungen erbracht werden	☐
d)	Lob sollte generell vermieden werden	☐

21) Tadel gehört zu den Erziehungsmitteln, welche in der Ausbildung eingesetzt werden können. Welche der folgenden Aussagen treffen hierbei generell zu? **2**

a)	Tadel sollte für den Auszubildenden keine weiteren Konsequenzen haben, damit der Auszubildende nicht eingeschüchtert wird. Dies gilt auch für ein weiteres Fehlverhalten	☐
b)	Tadel kann durchaus auch Beleidigungen und Kränkungen enthalten, solange sich diese nicht auf die Familie des Auszubildenden beziehen	☐
c)	Tadel sollte immer nur unter vier Augen erfolgen, um das Selbstwertgefühl des Auszubildenden nicht zu sehr zu beschädigen.	☐
d)	Tadel für einen einzelnen Auszubildenden sollte vor allen Auszubildenden ausgesprochen werden, um allen auch die Konsequenzen bei einem Fehlverhalten vor Augen zu führen	☐
e)	Tadel darf grundsätzlich nur auf das konkrete Fehlverhalten bezogen sein und sollte sachlich sein, das heißt, nicht im Affekt ausgesprochen sein	☐
f)	Tadel kann grundsätzlich neben dem konkreten Fehlverhalten auch auf noch nicht angesprochene Vorfälle aus der Vergangenheit hinweisen. Der Ausbilder kann hierbei alles aufzählen und es dem Auszubildenden bei dieser Gelegenheit vorwerfen	☐

22) Eine Fachkraft aus dem Lager, welche auch für Auszubildende zuständig war, geht in den kommenden Monaten in den Ruhestand und soll dann durch eine neue Fachkraft ersetzt werden. Welche der folgenden Personen wäre Ihrer Meinung nach am besten geeignet? **1**

a) Luisa Meyer, 21 Jahre alt, Bürokauffrau ☐

b) Okan Yilmaz, 32 Jahre alt, Fachkraft für Lagerlogistik, AEVO-Prüfung ☐

c) Herbert Kandorez, 47 Jahre alt, seit 15 Jahren im Lager tätig ☐

d) Jose Mendez, 42 Jahre alt, Vater von drei Kindern, Gabelstaplerfahrer ☐

23) In allen Fachabteilungen werden die Auszubildenden üblicherweise von den Fachkräften praktisch angeleitet. Hierfür stehen den Fachkräften mehrere Methoden zur Verfügung. Welche der folgenden Methoden sind für die Ausbildung vor Ort besonders sinnvoll? **4**

a) Mündlicher Vortrag ☐

b) Einarbeitungsmethode ☐

c) Rollenspiel ☐

d) Leittextmethode ☐

e) Praktische Anleitung über Arbeitsblätter ☐

f) Vier-Stufen-Methode ☐

g) Demonstration ☐

h) Anleitung bei Bedarf ☐

24) Nennen Sie die richtige Reihenfolge der Vier-Stufen-Methode! **R**

a) Vorbereitung des Auszubildenden ☐

b) Nachmachen und Erklären ☐

c) Vormachen und Erklären ☐

d) Üben und Transferbildung ☐

25) Bei der Entscheidung, welche Methode vor Ort sinnvoll eingesetzt werden kann, sind unterschiedliche Kriterien zu berücksichtigen. Welche Kriterien sind das? **3**

a) Leistungsbereitschaft des Auszubildenden ☐

b) Art der Arbeitsaufgabe ☐

c) Ausbildungsstand des Auszubildenden ☐

d) Einsatzbereitschaft der Fachkraft ☐

e) Selbstständiges Lernvermögen des Auszubildenden ☐

f) Qualifikationsstand des Ausbilders ☐

26) Welche der folgend genannten Ziele kann ein Ausbilder durch einen Kurzvortrag erreichen? **3**

a) Einführung in das Personalmanagement ☐

b) Einführung in eine neue Thematik ☐

c) Erklärung von berufsschul-relevanten Thematiken ☐

d) Erklärung von Ausbildungszielen und -absichten ☐

e) Schnelle Vermittlung von Ausbildungsmethoden ☐

f) Schnelle Vermittlung von Faktenwissen ☐

27) Bei welchen der folgenden Ausbildungsziele könnte man einen Kurzvortrag lernwirksam einsetzen? **2**

a) Bei betriebsinternen Unfallvorschriften ☐

b) Bei ausführlichen Prozessen in der Produktion ☐

c) Bei der Bedeutung von wichtigen Aufgaben ☐

d) Bei Grundsatzaufgaben der Personalabteilung ☐

e) Bei ausbildungsrelevanten Rechentechniken ☐

28) Welche Hinweise sollte der Ausbilder beachten, um einen Kurzvortrag auch lernwirksam gestalten zu können? **2**

a) Sätze sollten ausführlich und nicht zu kurz formuliert werden ☐

b) Sätze sollten kurz und einfach formuliert werden ☐

c) Der Vortrag sollte morgens früh stattfinden ☐

d) Der Vortrag sollte durch Beispiele interessanter gestaltet werden ☐

29) Sie planen nun eine Gruppenarbeit mit Ihren Auszubildenden durchzuführen. In dieser Gruppenarbeit soll ein neues Thema erarbeitet werden. Dafür teilen Sie die Auszubildenden in Gruppen auf. Wie wird solch eine Art von Gruppe im pädagogischen Kontext bezeichnet? **1**

a) Projektgruppe ☐

b) Innovative Gruppe ☐

c) Formelle Gruppe ☐

d) Arbeitsgruppe ☐

30) Sie entscheiden nun bzgl. der Gruppenarbeit, dass die Auszubildenden sich selbst in Gruppen aufteilen sollen. Wie wird diese Art von Gruppe dann pädagogisch bezeichnet? **1**

a) Arbeitsgruppe ☐

b) Informelle Gruppe ☐

c) Formelle Gruppe ☐

d) Projektgruppe ☐

31) Welche Motive könnten bei der Gruppenbildung der Auszubildenden bzgl. der Zugehörigkeitsauswahl eine Rolle spielen? **3**

a) Keine Motive ☐

b) Sympathie für andere ☐

c) Druck durch den Ausbilder ☐

d) Der Wille, eine Aufgabe zu übernehmen ☐

e) Verfolgen von gleichen Ziele ☐

32) Sie fordern die Auszubildenden bei der Gruppenarbeit dazu auf, die Aufgabenstellung kritisch zu hinterfragen und sich konstruktiv mit dem Thema auseinanderzusetzen. Welche Vorteile hat eine solche Art des Lernens? **3**

a) Der Stärkere kann sich dadurch durchsetzen ☐

b) Die Gruppen können ihr Lerntempo selber bestimmen ☐

c) Die Teamfähigkeit eines jeden Einzelnen wird gefördert ☐

d) Das Lernen in der Gruppe kann effizienter sein ☐

e) Das Lernen in der Gruppe ist nicht empfehlenswert ☐

33) Kreuzen Sie unter den folgenden Begriffen diejenigen an, welche als durch die Gruppenarbeit geförderte Schlüsselqualifikationen gelten! **3**

a) Kommunikationsfähigkeit ☐

b) Teamfähigkeit ☐

c) Motorik ☐

d) Ausdauer ☐

e) Problemlösungsfähigkeit ☐

34) Warum kann sich eine selbstgesteuerte (durch die Auszubildenden gesteuerte) Gruppenarbeit auch lernmotivierend auf jeden Einzelnen auswirken?

3

a)	Weil der Einzelne die anderen für sich arbeiten lassen kann	☐
b)	Weil der Leistungsdruck geringer ist	☐
c)	Weil die Lernziele von den Auszubildenden selber bestimmt werden	☐
d)	Weil das Lerntempo der Gruppe so besser angepasst werden kann	☐
e)	Weil die Schwächen Einzelner durch Stärken anderer ausgeglichen werden	☐
f)	Weil die Auszubildenden sich von Ihrem Ausbilder unabhängig fühlen und somit eine größere Freiheit verspüren	☐

Ausgangsituation zu den Aufgaben 35 bis einschließlich 40

Da Sie in der Power AG auch Fachkräfte mit der Vermittlung einzelner Ausbildungsabschnitte beauftragen, möchten Sie diese mit wichtigen Methoden in der Ausbildung vertraut machen. Deshalb laden Sie die besagten Fachkräfte zu einem eintägigen Workshop im Unternehmen ein und besprechen dort den Einsatz der folgenden Methoden:

- **Lehrgespräch**,
- **Rollenspiel** und
- **Fallmethode.**

35) Welche der folgenden Ziele können mit dem Einsatz von Lehrgesprächen erreicht werden? **2**

a) Neues Wissen kann ohne Vorkenntnisse vermittelt werden ☐

b) Auszubildende können zu eigenständigem Denken angeregt werden ☐

c) Fachkräfte können psychomotorische Lerninhalte vermitteln ☐

d) Fachkräfte können kognitive Lerninhalte vermitteln ☐

36) Welche Hinweise geben Sie als Ausbilder den Fachkräften für das Führen von Lehrgesprächen? **2**

a) Fachkräfte sollen geschlossene Fragen an Auszubildende stellen ☐

b) Fachkräfte sollen offene Fragen an Auszubildende stellen ☐

c) Fachkräfte sollten die Lehrgespräche nicht strukturieren, um in den Lernmethoden flexibel zu bleiben. ☐

d) Fachkräfte sollten Auszubildende zur aktiven Teilnahme am Lehrgespräch motivieren. ☐

e) Fachkräfte sollten Auszubildende im Lehrgespräch nur belehren und nicht auf Feedback drängen. ☐

37) Welche der folgend genannten Ziele können die Fachkräfte mit dem Einsatz der Fallmethode erreichen? **3**

a) Auszubildende können nicht aus Fehlern lernen ☐

b) Auszubildende können nur komplexe Sachverhalte verstehen ☐

c) Fachkräfte können realistische Situationen simulieren ☐

d) Fachkräfte können bereichsübergreifende Kenntnisse vermitteln ☐

e) Auszubildende können sich komplexe Themen erarbeiten ☐

f) Qualifikationsstand des Ausbilders soll erhöht werden ☐

38) Welche Hinweise sollten den Fachkräften für den Einsatz der Fallmethode gegeben werden? **3**

a) Auszubildende sollten nur unter Aufsicht arbeiten ☐

b) Auszubildenden sollte keine Einführung in den Fall gegeben werden ☐

c) Fachkräfte sollten nicht in die Bearbeitung des Falls eingreifen ☐

d) Fachkräfte sollten nur theoretische Fälle einsetzen ☐

e) Fachkräfte sollten praxisgerechte Fälle einsetzen ☐

f) Fachkräfte sollten auch Zusatzinformationen zur Verfügung stellen ☐

39) Welche der folgend genannten Ziele können mit Rollenspielen angestrebt werden? **2**

a) Kommunikative Kompetenzen sollen gefördert werden ☐

b) Psychomotorische Fähigkeiten sollen gefördert werden ☐

c) Theoretische Kompetenzen sollen gefördert werden ☐

d) Richtige und falsche Verhaltensweisen können verdeutlicht werden ☐

e) Wissenslücken in theoretischen Grundlagen sollen geschlossen werden ☐

40) Welche Hinweise sollten den Fachkräften für den Einsatz der Rollenspiele gegeben werden?

3

a) Man sollte nicht mit Hemmungen von Auszubildenden rechnen ☐

b) Man sollte mit Hemmungen von Auszubildenden rechnen ☐

c) Auszubildende müssen nicht auf das Rollenspiel vorbereitet werden ☐

d) Auszubildende müssen auf das Rollenspiel vorbereitet werden ☐

e) Rollenspiele sollten immer von unbeteiligten ausgewertet werden ☐

f) Rollenspiele sollten mit Auszubildenden gemeinsam analysiert und besprochen werden ☐

Ausgangsituation zu den Aufgaben 41 bis einschließlich 44

Sie planen in der Power AG nun einige Projekte von den Auszubildenden durchführen zu lassen, um die Entwicklung von Schlüsselqualifikationen zu fördern und die Motivation zu erhöhen. Der langjährige und erfahrene Ausbilder eines befreundeten Unternehmens hat Ihnen hierzu wichtige Tipps zur Durchführung der einzelnen Stufen einer Projektarbeit gegeben.

41) Welche Vorgehensweise hat dieser Ausbilder Ihnen bzgl. der Einführungsphase eines Projekts vorgeschlagen? **2**

a) Notwendige Rahmenbedingungen werden vorgegeben ☐

b) Notwendige Rahmenbedingungen werden nicht vorgegeben ☐

c) Es sollte zur aktiven Mitarbeit am Projekt motiviert werden ☐

d) Es sollte zur passiven Mitarbeit am Projekt motiviert werden ☐

42) Welche Vorgehensweise hat dieser Ausbilder Ihnen bzgl. der Planungsphase eines Projekts vorgeschlagen? **2**

a) Planungsinstrumente sollten vom Ausbilder für das Projekt vorgegeben werden ☐

b) Auszubildende entscheiden und planen hierbei die Lösungsmöglichkeiten ☐

c) Einzelne Arbeitsgruppen werden vom Ausbilder festgelegt, weil er die Auszubildenden am besten einschätzen kann ☐

d) Einzelne Arbeitsgruppen werden von den Auszubildenden selbst festgelegt ☐

e) Einzelne Arbeitsgruppen sind bei Projekten generell nicht erforderlich, weil Projekte eher die Leistungen von Einzelnen fördern sollen ☐

43) Welche Vorgehensweise hat dieser Ausbilder Ihnen bzgl. der Durchführungsphase eines Projekts vorgeschlagen?

2

a) Bei auftretenden Fehlern muss sofort eingegriffen werden ☐

b) Es sollten Denkanstöße und Hilfestellungen gegeben werden ☐

c) Es sollten keine Denkanstöße und Hilfestellungen gegeben werden ☐

d) Auszubildende sollen ein gemeinsames Gesamtergebnis erarbeiten ☐

e) Bei auftretenden Fehlern sollte das Projekt abgebrochen werden ☐

f) Die Durchführung eines Projekts hängt vom Ausbilder ab ☐

44) Welche Vorgehensweise hat dieser Ausbilder Ihnen bzgl. der Bewertungsphase eines Projekts vorgeschlagen?

3

a) Auszubildende sollten sich zuerst selbst bewerten ☐

b) Auszubildende sollten sich zuerst vom Ausbilder bewerten lassen ☐

c) Die Zusammenarbeit im Projekt sollte bewertet werden ☐

d) Der Ausbilder bewertet das Gesamtergebnis des Projekts ☐

e) Der Ausbilder bewertet nur Einzelergebnisse des Projekts ☐

Ausgangsituation zu den Aufgaben 45 bis einschließlich 48

Im Rahmen Ihrer Tätigkeit als Ausbilder haben Sie auch ein Beurteilungssystem für die Ausbildung festgelegt. Die ausbildenden Fachkräfte sind dazu angehalten, regelmäßige Beurteilungsgespräche mit den einzelnen Auszubildenden zu führen und die von Ihnen erstellten Beurteilungsbögen zu verwenden.

45) Welche der folgenden Ziele werden grundsätzlich mit Beurteilungsgesprächen verfolgt? **3**

a) Aktivitäten sollen somit überwacht werden können ☐

b) Auszubildende sollen sich hierbei mit den eigenen Leistungen und dem eigenen Verhalten auseinandersetzen ☐

c) Auszubildende sollen ein Feedback über den eigenen Leistungsstand und das eigene Verhalten erhalten ☐

d) Auszubildende sollen im psychomotorischen Lernbereich gefordert und gefördert werden ☐

e) Auszubildende sollen über eigene positive und negative Entwicklungen in der Ausbildung aufgeklärt werden ☐

46) Was ist der richtige oder geeignete Zeitpunkt um Beurteilungsgespräche durchzuführen? **2**

a) Zum Beginn der Probezeit ☐

b) Vor dem Ende der Probezeit ☐

c) Wiederholend jede Woche ☐

d) Wiederholend jeden Monat ☐

e) Am Anfang jedes Ausbildungsjahres ☐

f) Am Ende jedes Ausbildungsjahres ☐

g) Am Ende der Berufsausbildung ☐

47) Welche Hinweise geben Sie den beurteilenden Fachkräften für die Durchführung der jeweiligen Beurteilungsgespräche? 1

a) Beurteilungsgespräche müssen vor dem Geschäftsführer stattfinden ☐

b) Beurteilungsgespräche müssen bei der zuständigen Stelle beantragt werden ☐

c) Beurteilungsgespräche sollen die Persönlichkeitsentwicklung eines Auszubildenden fördern ☐

d) Beurteilungsgespräche sollen die Ausbildungsvergütung eines Auszubildenden fördern ☐

e) Beurteilungsgespräche sollen sich ausschließlich auf Problematiken und Kritikpunkte an einem Auszubildenden beziehen ☐

f) Beurteilungsgespräche sollten immer außerhalb der regulären Arbeitszeit geführt werden ☐

48) Nach den ersten Erfahrungen mit dem Beurteilungssystem möchten Sie die Kriterien auf dem Beurteilungsbogen in einem geschlossenen Bewertungssystem erfassen. 3

Welche Vorteile erwarten Sie von einer neuen Gestaltung des Bogens?

a) Beurteilungen sollten leichter miteinander zu vergleichen sein ☐

b) Beurteilungen sollten schneller durchzuführen sein ☐

c) Beurteilungen sollten nur frei formuliert werden ☐

d) Beurteilungen sollten nur nach vorgegebenen Mustern erfolgen ☐

e) Beurteilungsbögen sollen in Zukunft auch für eine größere Anzahl von Auszubildenden geeignet sein. ☐

Ausgangsituation zu den Aufgaben 49 bis einschließlich 52

Derzeit nutzen Sie als Ausbilder zunehmend Gruppenarbeiten um die Auszubildenden zu aktivieren. Bei den Beobachtungen der Gruppenarbeiten bemerken Sie, dass sich der Auszubildende Oliver Pescic – welcher bisher als engagierter und leistungsstarker Auszubildender galt – aggressiv verhält und nur wenig zum Gruppenergebnis beiträgt. Nachdem die übrigen Auszubildenden ihn bei der letzten Gruppenarbeit mehrfach als „Idiot" und „Besserwisser" bezeichneten, wird er nun handgreiflich und gibt dem Auszubildenden Simon Oppmann eine „Ohrfeige".

49) Welche Ursachen können die Verhaltensauffälligkeiten von Oliver Pescic möglicherweise haben? **3**

a) Er möchte sich beim Ausbilder beliebt machen ☐

b) Er verfügt über keine ausreichende Teamfähigkeit ☐

c) Er möchte sich in die Gruppenarbeit einbringen ☐

d) Er fühlt sich durch die Kritik der anderen Auszubildenden persönlich angegriffen ☐

e) Er ist möglicherweise mit den derzeitigen Gruppenarbeiten unterfordert ☐

50) Wie können Sie die Ursachen für die Verhaltensauffälligkeiten von Oliver Pescic genauer ermitteln? **1**

a) Sie führen mit Herrn Pescic ein ausführliches Gespräch in einer entspannten und vertraulichen Atmosphäre ☐

b) Sie führen mit allen anderen Auszubildenden ein vertrauliches Gespräch über Herrn Pescic ☐

c) Sie verweisen Herrn Pescic zu einem Psychologen und empfehlen eine medizinische Behandlung ☐

d) Sie müssen auf diesen Vorfall hin den Ausbildungsnachweis von Herrn Pescic detailliert überprüfen ☐

e) Sie müssen auf diesen Vorfall hin den Ausbildungsnachweis von Herrn Oppmann detailliert überprüfen ☐

51) Welche Konsequenzen ziehen Sie aus dem Vorfall gegen Herrn Pescic? **1**

a) Das Ausbildungsverhältnis wird mit einer Frist von vier Wochen gekündigt ☐

b) Gruppenarbeiten finden ab sofort ohne Herrn Pescic statt ☐

c) Sie mahnen Herrn Pescic ab ☐

d) Sie melden den Vorfall an die Geschäftsführung und empfehlen eine strafrechtliche Anzeige ☐

e) Sie verlangen von Herrn Pescic ein Schmerzensgeld, welches nun an Herrn Oppmann ausgezahlt werden soll ☐

f) Sie merken, dass Gruppenarbeiten bei diesem Verhalten für alle Auszubildenden nicht sinnvoll und zielführend sind ☐

52) Welche Maßnahmen ergreifen Sie, um den erwähnten Verhaltensauffälligkeiten von Herrn Pescic zu begegnen? **2**

a) Sie gestalten die Gruppenaufgaben in Zukunft so, dass alle Auszubildenden gemeinsam auch Erfolgserlebnisse erzielen können ☐

b) Ab jetzt sollen Herr Oppmann und Herr Pescic ausschließlich zusammenarbeiten ☐

c) Sie fördern die Konflikt- und Teamfähigkeit der Auszubildenden und tragen somit zu einer Verbesserung bei ☐

d) Herr Pescic wird bis auf weiteres umgehend von sämtlichen Gruppenarbeiten ausgeschlossen ☐

e) Herr Oppmann wird umgehend von sämtlichen Gruppenarbeiten ausgeschlossen ☐

Ausgangsituation zu den Aufgaben 53 bis einschließlich 56

Unter Ihrer Verantwortung als Ausbilder befindet sich auch die noch junge aus Polen stammende 17-jährige Frau Kinga Chodowski. Sie wurde ursprünglich als Auszubildende von einem polnischen Geschäftspartner des Geschäftsführers empfohlen und ist nun bereits seit zwei Jahren im Unternehmen. Schon während des Einstellungstests fielen Ihnen kleine Sprachschwierigkeiten auf, jedoch schnitt Frau Chodowski in fachlichen Tests wesentlich besser als die anderen Auszubildenden ab. In der Zwischenprüfung stellte sich nun aber heraus, dass sich die sprachlichen Probleme nicht gebessert haben. Außerdem grenzt sich Frau Chodowski derzeit auch immer weiter von den anderen Auszubildenden ab.

53) Sie fürchten, Frau Chodowski könnte das Ausbildungsziel nicht erreichen und beschließen deshalb folgende Maßnahmen einzuleiten: **3**

a) Mit Frau Chodowski über den sprachlichen Aufholbedarf zu sprechen ☐

b) Frau Chodowski die Verlängerung ihrer Ausbildungszeit anzubieten ☐

c) Mit ihrem Berufsschullehrer über ihre Leistungen reden ☐

d) Ihre Eltern über die aktuellen Probleme informieren und Hilfe anbieten ☐

e) Frau Chodowski sollte wegen der Defizite abgemahnt werden ☐

54) Welche der folgend genannten Maßnahmen wollen Sie nun ergreifen, um Frau Chodowskis Integration in die Gruppe der anderen Auszubildenden zu fördern? **2**

a) Man sollte ihr Sonderaufgaben zur Verbesserung der Leistung geben ☐

b) Die Auszubildenden eine gemeinsame Projektarbeit durchführen lassen ☐

b) Gruppenarbeit verstärkt als Unterweisungsmethode einsetzen ☐

d) Eine polnisch und deutsch sprechende Mitarbeiterin als Patin einsetzen ☐

e) Alle Auszubildenden über die Probleme von ihr unterrichten ☐

55) Sie legen nun geeignete und rechtlich zulässige Maßnahmen fest, mit deren Hilfe Frau Chodowskis Sprachvermögen gefördert werden kann. **2**

a) Die zuständigen Fachkräfte werden darauf hingewiesen, Frau Chodowski sprachlich verstärkt zu fördern ☐

b) An Samstagen findet nun ein zusätzlicher betrieblicher Sprachunterricht für Frau Chodowski statt ☐

c) Von der Bundesagentur für Arbeit wird nun eine ausbildungsbegleitende Hilfsmaßnahme angefordert ☐

d) Frau Chodowski wird empfohlen einen Sprachkurs an der Volkshochschule zu besuchen ☐

e) Frau Chodowski erhält von Ihnen ein Lehrbuch „Deutsch für Ausländer" und muss jeden Tag nachweisen, dass sie darin gelesen und gelernt hat ☐

56) Einige Tage später steht Frau Chodowski mit verweinten Augen vor ihrem Büro und berichtet Ihnen, dass ihr Vater nun möchte, dass sie nach Polen zurückkehrt. Sie erscheint Ihnen sehr verzweifelt und trostlos. Da beschließen Sie, mit ihrem Vater reden zu wollen. Auf welche Sozialisationsbedingungen im Vergleich zu deutschen Familien müssen Sie sich hierbei einstellen? **2**

a) Es gibt keine sozialen Unterschiede ☐

b) Die „soziale Türschwelle" ist meistens höher als bei deutschen Familien, Sie sollten sich formell einladen lassen ☐

c) Die Familie ist in der Regel wesentlich autoritärer strukturiert ☐

d) Sie kommen zu dem Entschluss, dass ein Gespräch eigentlich nicht notwendig ist und akzeptieren die Entscheidung des Vaters ☐

57) Wann sollten Sie in der Funktion als Ausbilder die **Demonstration** als Lehrmethode einsetzen? **1**

a) Nur bei Problemen, welche eine Lösungsfindung erfordern ☐

b) Nur im letzten Ausbildungsjahr des Auszubildenden ☐

c) Zu Beginn der Ausbildung, weil noch viel Unwissenheit existiert ☐

d) Erst nach den Zwischenprüfungen ☐

e) Nur beim Training von neuen Verhaltensweisen ☐

58) In welchem Fall sollten Sie als Ausbilder insbesondere das **Rollenspiel** zum Einsatz bringen? **1**

a) Beim Training von Verhaltensweisen ☐

b) Beim betrieblichen Rundgang ☐

c) Um Fertigkeiten selbstständig zu erlernen ☐

d) Am Ende der Berufsausbildung zur Prüfungsvorbereitung ☐

59) Wann sollten Sie in der Funktion als Ausbilder die **moderierte Diskussion** als Lehrmethode einsetzen? **1**

a) Nur im letzten Ausbildungsjahr des Auszubildenden ☐

b) Nur im zweiten Ausbildungsjahr des Auszubildenden ☐

c) Erst nach den Zwischenprüfungen ☐

d) Zu Beginn der Ausbildung, weil noch viel Unwissenheit existiert ☐

e) Wenn Problemlösungswege gefunden werden müssen ☐

60) Um selbstgesteuertes Lernen in Auszubildendengruppen zu fördern, ist die Teamentwicklung besonders wichtig. Was sind die wesentlichen Merkmale eines Auszubildendenteams? **3**

a) Ein Ausbilder muss immer Teamziele vorgeben ☐

b) Konflikte können im Team selbst gelöst werden ☐

c) Einzelne Auszubildende fühlen sich für das Team verantwortlich ☐

d) Einzelne Auszubildende kooperieren mit dem Ausbilder ☐

e) Auszubildende setzen sich selbstständig gemeinsame Ziele ☐

61) Wie können Sie als Ausbilder die Teamentwicklung fördern? **3**

a) Methoden zum selbstgesteuerten Lernen anwenden ☐

b) Die Rolle eines Coachs und Beraters einnehmen ☐

c) Anwendung der Vier-Stufen-Methode ☐

d) Rollenspiele mit dem Betriebsrat abstimmen ☐

e) Rollenspiele zum Training der Kommunikationsfähigkeit ☐

62) Kreuzen Sie die folgenden korrekten Aussagen bzgl. der Teamarbeit von Auszubildendengruppen an! **2**

a) Die Entwicklung von einer Gruppe zum Team hängt vor allem von der Kommunikationsfähigkeit ab ☐

b) Die Entwicklung von einer Gruppe zum Team hängt vor allem von der Qualität des Ausbildungsbetriebes ab ☐

c) In der Teamarbeit werden individuelle Bedürfnisse von einzelnen zugunsten des Teams zurückgestellt ☐

d) In der Teamarbeit werden individuelle Bedürfnisse von einzelnen im Team gemeinsam besprochen und realisiert ☐

63) Nennen Sie die Aufforderungen, welche bei der Fallmethode an die Auszubildenden gerichtet werden! **2**

a) Aufforderung zur Berufsschulbildung ☐

b) Aufforderung zum pünktlichen Erscheinen ☐

c) Aufforderung zum selbstständigen Erarbeiten ☐

d) Aufforderung zur Fallbearbeitung ☐

e) Aufforderung zur betrieblichen Betriebsratssitzung ☐

64) Nennen Sie die Aufforderungen, welche bei der Leittextmethode an die Auszubildenden gerichtet werden! **1**

a) Aufforderung zur Umsetzung mit Anleitung ☐

b) Aufforderung zur betrieblichen Betriebsratssitzung ☐

c) Aufforderung zur Berufsschulbildung ☐

d) Aufforderung zur PC-Bearbeitung ☐

65) Nennen Sie die Aufforderungen, welche bei der Projektmethode an die Auszubildenden gerichtet werden! **1**

a) Aufforderung zu Gesprächen innerhalb des Betriebes ☐

b) Aufforderung zur selbstständigen Erstellung ☐

c) Aufforderung zur betrieblichen Betriebsratssitzung ☐

d) Aufforderung zur Berufsschulbildung ☐

e) Aufforderung zur PC-Bearbeitung ☐

66) Welche der folgenden Aussagen treffen bzgl. der Leittextmethode zu? **2**

a) Ausbildungsziele werden hierbei von den Auszubildenden definiert ☐

b) Ein beschriebener Fall wird theoretisch bearbeitet ☐

c) Anwendung kann bei Gruppen oder einzelnen Auszubildenden erfolgen ☐

d) Auszubildende brauchen hierbei keine Einweisung ☐

e) Die Methode soll zum „Selber-Lernen" anleiten ☐

67) Welche der folgenden Aussagen treffen bzgl. der Projektmethode zu? **2**

a) Es wird eine ganzheitliche Arbeitsaufgabe vorgegeben ☐

b) Ein beschriebener Fall wird theoretisch bearbeitet ☐

c) Auszubildende brauchen hierbei keine Einweisung ☐

d) Der Arbeitsablauf wird von den Auszubildenden selbst geplant ☐

e) Rollenspiele zum Training der Kommunikationsfähigkeit ☐

68) Kreuzen Sie die folgenden korrekten Schlüsselqualifikationen an, die durch die Projektarbeit gefördert werden! **3**

a) Ehrgeiz ☐

b) Teamfähigkeit ☐

c) Verständnis für den Ausbilder ☐

d) Kommunikationsfähigkeit ☐

e) Pünktliches Erscheinen ☐

f) Problemlösefähigkeit ☐

69) Nennen Sie die Einsätze, für die das Medium „Overheadprojektor" besonders geeignet ist. **1**

a) Demonstration einer praktischen Tätigkeit ☐

b) Demonstration von kleingedruckten Texten ☐

c) Darstellung eines Plans oder einer Präsentation vor der Gruppe ☐

d) Darstellung eines Rollenspiels ☐

e) Darstellung eines PC-Programms ☐

70) Welche Umgangsregeln sollten bei dem Einsatz eines Overheadprojektors beachtet werden? **2**

a) Unnötige Stellen sollten zur Fokussierung abgedeckt werden ☐

b) Bilder sollten in Bewegung dargestellt werden ☐

c) Der Blickkontakt zur Gruppe sollte gehalten werden ☐

d) Der Overheadprojektor sollte mit dem PC verbunden sein ☐

71) Wie sollten Arbeitstransparente (Folien) für den Overheadprojektor gestaltet werden? **2**

a) Mit möglichst vielen Informationen ☐

b) Mit möglichst viel Text ☐

c) Mit Überschriften und Hervorhebungen ☐

d) Mit grafischen/bildlichen Darstellungen ☐

e) Ausschließlich mit textlichen Darstellungen ☐

72) Wie würden Sie als Ausbilder reagieren bzw. handeln, wenn Sie merken, dass einer Ihrer Auszubildenden seit einiger Zeit besonders unkonzentriert arbeitet? **1**

a) Mehr Kontrollen durchführen ☐

b) Auf Urlaubstage hinweisen ☐

c) Sachliches Gespräch bzgl. der Problematik mit dem Auszubildenden ☐

d) Schulungsmaßnahme bzgl. Zeitmanagement anbieten ☐

e) Mehr Freiheiten für den Auszubildenden einräumen ☐

73) Mit welchen Verhaltungsauffälligkeiten ist bei Auszubildenden besonders zu rechnen? **3**

a) Tolerantes Verhalten gegenüber jeden ☐

b) Provozierendes Verhalten ☐

c) Umsichtiges Handeln ☐

d) Mangelnde Anstrengungsbereitschaft ☐

e) Mangelnde Motivation ☐

74) Wie sollte ein Ausbilder auf andauerndes störendes Verhalten von einem einzelnen Auszubildenden reagieren? **1**

a) Am besten nicht reagieren und ignorieren ☐

b) Vor allen Auszubildenden tadeln ☐

c) Eine Abmahnung veranlassen ☐

d) Nicht provozieren lassen und das Gespräch unter vier Augen suchen ☐

e) Den Geschäftsführer über das Fehlverhalten informieren ☐

75) Ein Auszubildender ist heute zum wiederholten Male verspätet im Betrieb erschienen. Was wäre eine angemessene Reaktion als Ausbilder auf dieses Verhalten? **2**

a) Eine Abmahnung ist nun unumgänglich ☐

b) Das Fehlverhalten muss der zuständigen Stelle gemeldet werden ☐

c) Dem Auszubildenden sollten die betrieblichen Normen erklärt werden ☐

d) Das Fehlverhalten muss dem Geschäftsführer gemeldet werden ☐

e) In einem Vier-Augen-Gespräch auf mögliche Konsequenzen hinweisen ☐

76) Als Ausbilder vermuten Sie eine eventuelle Drogenabhängigkeit bei einem Ihrer Auszubildenden. Welche Merkmale könnten diese Vermutung verstärken? **3**

a) Höfliche Umgangsformen ☐

b) Wenig Interesse an der Ausbildung ☐

c) Hohe Konzentrationsfähigkeit ☐

d) Geistige Abwesenheit ☐

e) Launisches Verhalten ☐

77) Bei einer Bestätigung des Verdachts einer Drogenabhängigkeit sollten Sie sich als Ausbilder einen Rat von professioneller Seite holen. Wen könnten Sie diesbezüglich kontaktieren? **1**

a) Die zuständige Stelle ☐

b) Den Berufsschullehrer ☐

c) Die Erziehungsberechtigten ☐

d) Eine öffentliche Drogenberatungsstelle ☐

e) Eine Person des Berufsbildungsausschuss ☐

78) Sie als Ausbilder sollten die Auszubildenden regelmäßig beurteilen und bewerten. Welchen Hintergrund hat diese generelle Anforderung? 1

a) Nur in überbetrieblichen Lernstätten sollten die Auszubildenden bewertet und beurteilt werden ☐

b) Eine regelmäßige Bewertung und Beurteilung von Auszubildenden ist nur bei schlechten Leistungen erforderlich ☐

c) Durch regelmäßiges Beurteilen und Bewerten kann die Entwicklung im Leistungs- und Verhaltensbereich gefördert werden ☐

d) Durch ein systematisches Beurteilen und Bewerten können Fehler bei Auszubildenden vollkommen ausgeschlossen werden ☐

79) Wann genau sollte innerhalb der Ausbildung beurteilt oder bewertet werden? 2

a) Täglich ☐

b) Mit Abschluss einer Arbeitswoche ☐

c) Mit Abschluss eines größeren Ausbildungsabschnittes ☐

d) Monatlich ☐

e) Vor dem Ende der Probezeit ☐

80) Welche der folgenden Beurteilungskriterien können Sie für Ihre Auszubildenden anwenden? 3

a) Lernbereitschaft ☐

b) Management-Kompetenzen ☐

c) Qualität der Arbeitskleidung ☐

d) Qualität der Arbeitsausführung ☐

e) Lernfähigkeit ☐

f) Humor ☐

81) Welche Vorteile können sich durch gebundene Beurteilungsverfahren ergeben. Beachten Sie dabei das gegenteilige ungebundene Beurteilungsverfahren. **2**

a) Es existieren keine Unterschiede zwischen der gebundenen und ungebundenen Beurteilung ☐

b) Bei der gebundenen Beurteilung werden Aussagen über Beurteilungsmerkmale standardisiert ☐

c) Bei der ungebundenen Beurteilung wird dem Ausbilder mehr Spielraum gelassen ☐

d) Bei beiden Beurteilungsverfahren müssen die strikten Vorgaben der zuständigen Stelle berücksichtigt werden ☐

82) Was sollte generell bei der Erstellung einer Beurteilung beachtet werden? **2**

a) Es sollten generell keine Beurteilungen stattfinden ☐

b) Es sollten entsprechende Kriterien zur Beurteilung vorliegen ☐

c) Grundlage der Beurteilung sollte die Beobachtung sein ☐

d) Beurteilungen sollten nur bei sympathischen Auszubildenden erfolgen ☐

83) Was genau ist unter dem Korrekturfehler bei einer Beurteilung zu verstehen? **1**

a) Ein Ausbilder ist hierbei nicht bereit, eine früher getroffene Einschätzung zu korrigieren, obwohl der Auszubildende nun ein geändertes Verhalten zeigt ☐

b) Hierbei ist der Ausbilder sehr schnell dazu bereit, seine Beurteilung zu überdenken und wiederum zu korrigieren ☐

c) Der Auszubildende schlägt hierbei dem Ausbilder die korrekte Bewertung und Beurteilung vor und dies führt zu einem Beurteilungsfehler ☐

84) Was genau versteht man unter der sogenannten „Tendenz zur Mitte"? **1**

a) Es gibt nur besonders positive Beurteilungen ☐

b) Es gibt nur besonders negative Beurteilungen ☐

c) Es finden keine individuellen Differenzierungen in der Beurteilung statt ☐

d) Es finden nur neutrale Differenzierungen in der Beurteilung statt ☐

e) Es gibt hierbei nur mittelmäßige Bewertungen ☐

85) Welche Beurteilungsgrundsätze sollten generell von Ihnen als Ausbilder beachtet werden? **1**

a) Die Beurteilung sollte sich auf schriftlich festgehaltene Beobachtungen beziehen ☐

b) Die Beurteilung muss nicht sorgfältig aber dafür schnell und kurzfristig erfolgen ☐

c) Besprechen Sie Maßnahmen zur Behebung von evtl. Mängeln ☐

d) Besprechen Sie die Beurteilungen nur bei Bedarf ☐

e) Mangelnde Motivation ☐

86) Welche Beurteilungsfehler werden oft von Ausbildern während eines Beurteilungsgesprächs begangen? **2**

a) Kontrastfehler ☐

b) Tendenz zur Mitte ☐

c) Hof- oder Überstrahlungseffekt ☐

d) Korrekturfehler ☐

87) Wie würde ein Beurteilungsgespräch sinnvoll ablaufen? Bestimmen Sie hierbei die optimale Reihenfolge!

R

a) Freundliche Eröffnung des Gesprächs ☐

b) Auszubildender nimmt Stellung zu den gemachten Beobachtungen ☐

c) Darstellung der Beobachtungen des Ausbilders ☐

d) Mit dem Auszubildenden die nächsten Ziele vereinbaren ☐

e) Ergebnis schriftlich festhalten ☐

f) Folgen verdeutlichen, wenn keine Verbesserung erfolgt ☐

88) Welche der folgenden Aussagen beschreibt eine Nachbereitung (einer Ausbildungseinheit) treffend?

1

a) Das Ergreifen von Maßnahmen zur Korrektur ☐

b) Das Abmahnen bei Nichterreichung von Lernzielen ☐

c) Die Bewertung einer Lernzielkontrolle ☐

d) Die Führung von Beurteilungsgesprächen ☐

89) Welche Fragen sollte ein Ausbilder innerhalb seiner Nachbereitung sich selbst stellen, um die Maßnahmen zur Korrektur überhaupt vornehmen zu können?

2

a) Wurden die Arbeitszeiten eingehalten? ☐

b) Waren die Lernziele richtig definiert und wurden sie verstanden? ☐

c) Stand die Unternehmensführung hinter dem Ausbildungsziel? ☐

d) War die Ausbildungsplanung auch zeit- und sachgerecht? ☐

90) Welche der folgenden Lernzielkategorien kann man im Ausbildungsrahmenplan finden

2

a) Das Richtlernziel ☐

b) Das Feinlernziel ☐

c) Das Groblernziel ☐

d) Das Leitlernziel ☐

91) Welche der folgend genannten Lernziele können Sie dem kognitiven Lernbereich zuordnen?

2

a) Man sollte im Team arbeiten können ☐

b) Man sollte die Aufgaben des Betriebsrats beschreiben können ☐

c) Man sollte die Reifen an einem PKW auswechseln können ☐

d) Man sollte die Inhalte eines Ausbildungsvertrags erklären können ☐

LÖSUNGEN

1) a + b + c
2) d
3) a + b
4) d = 1, a = 2, c = 3, b = 4
5) a + c + d
6) a + c + e + g
7) a + c
8) b
9) b + d + e
10) a + b +d
11) a
12) b + d
13) c
14) c + d + e
15) a
16) b
17) c
18) c
19) c
20) b
21) c + e
22) b
23) b + e + f + h
24) a = 1, c = 2, b = 3, d = 4
25) b + c + e
26) b + d + f
27) c + d
28) b + d
29) c
30) b
31) b + d + e
32) b + c + d
33) a + b + e
34) b + c + e
35) b + d
36) b + d
37) c + d + e
38) c + e +f
39) a + d
40) b + d + f
41) a + c
42) b + d
43) b + d
44) a + c + d
45) b + c + e
46) b + f
47) c
48) a + b + e
49) b + d + e
50) a
51) c
52) a + c
53) a + c + d
54) b + d
55) c + d
56) b + c
57) c
58) a
59) e
60) b + c + e

61) a + b + e
62) a + c
63) c + d
64) a
65) b
66) c + e
67) a + d
68) b + d + f
69) c
70) a + c
71) c + d
72) c
73) b + d + e
74) d
75) c + e
76) b + d + e
77) d
78) c
79) c + e
80) a + d + e
81) b + e
82) b + c
83) a
84) c
85) b
86) c + b
87) a=1; c=2; b=3; f=4; d=5; e=6
88) a
89) b + d
90) a + c
91) b + d

Viertes Handlungsfeld

Ausbildung abschließen

Im Handlungsfeld 4 bzw. Schritt 4 geht es um folgende Grundfragen:

- Wie kann sich der Auszubildende auf die Abschlussprüfung vorbereiten?
- Wie kann der Ausbildende auf die Abschlussprüfung vorbereiten?
- Wie erfolgt die Anmeldung zur Abschlussprüfung?
- Wie kann eine Ausbildung beendet oder ggf. verlängert werden?
- Wie müssen Zeugnisse erstellt werden?
- Auf welche Fort- und Weiterbildungsmöglichkeiten kann verwiesen werden?

Multiple-Choice-Übungsaufgaben

1) Sie möchten die Auszubildenden aus Ihrem Unternehmen auf die bevorstehenden Abschlussprüfungen vorbereiten. Welche Unterlagen sind hilfreich, damit Sie diese Vorbereitung richtig planen können? **2**

a) Prüfungsanforderungen ☐

b) Prüfungsordnung ☐

c) Berufsbildungsgesetz ☐

d) Klausuraufgaben aus der Berufsschule ☐

e) Prüfungsunterlagen vergangener Prüfungen ☐

2) Welche Fragen sollten Sie sich selber stellen, um die Vorbereitung auf die Prüfung inhaltlich richtig zu planen? **2**

a) Wer sind die Prüfer und aus welchen beruflichen Hintergründen stammen sie? ☐

b) Wo liegen die thematischen Schwerpunkte bei den bevorstehenden Abschlussprüfungen? ☐

c) Welche Anforderungen werden in der Prüfung gestellt? ☐

d) An welchen Tagen finden die Abschlussprüfungen genau statt? ☐

3) Die Vorbereitungen auf die Abschlussprüfungen sollten auch eine gewisse Systematik aufweisen. Bringen Sie die nun untenstehenden Punkte in die richtige Reihenfolge. **R**

a) Ermittlung der Prüfungsschwerpunkte ☐

b) Simulation einer Gesamtprüfung ☐

c) Lösen der typischen Prüfungsaufgaben ☐

d) Aufbereitung aller Prüfungsschwerpunkte ☐

Ausgangsituation zu den Aufgaben 4 bis 6

Die Auszubildenden der Power AG befinden sich nun am Ende des letzten Ausbildungsjahres. Die Auszubildende Aylin Bergmann hat in ihrem letzten Berufsschulzeugnis einen Notendurchschnitt von 1,3 in den prüfungsrelevanten Fächern und zeigte in der Ausbildung überdurchschnittlich gute Leistungen. Die anderen Auszubildenden zeigten in allen Bereichen eher durchschnittliche Leistungen.

4) Die Anmeldefrist für die vorzeitige Abschlussprüfung läuft in den folgenden vier Wochen ab. Kann Aylin Bergmann sich vorzeitig zur Abschlussprüfung anmelden? **1**

a) Ja, wenn dies im Ausbildungsvertrag bereits vereinbart wurde ☐

b) Ja, wenn sie inzwischen älter als 20 Jahre ist ☐

c) Nein, weil ein Notendurchschnitt von 1,1 vorausgesetzt wird ☐

d) Ja, wenn sie die Voraussetzungen der zuständigen Stelle erfüllt ☐

5) Der Auszubildende Sebastian Bauer besteht wider Erwarten nicht die Abschlussprüfung und verlangt von Ihnen die Verlängerung seines Ausbildungsverhältnisses bis zur nächsten Wiederholungsprüfung. **1**

Wie reagieren Sie angemessen auf diese Forderung von Herrn Bauer?

a) Sie verlängern das Ausbildungsverhältnis wunschgemäß und unterstützen Herrn Bauer bei der Prüfungsvorbereitung ☐

b) Sie verlängern das Ausbildungsverhältnis nicht, weil er in seiner Ausbildung mehrere Verhaltensauffälligkeiten gezeigt hat ☐

c) Sie verlängern das Ausbildungsverhältnis, aber nur unter der Voraussetzung, dass er Nachhilfeunterricht auf eigene Kosten nimmt ☐

d) Sie verlängern das Ausbildungsverhältnis wunschgemäß, aber Herr Bauer muss die Gebühren für die Wiederholungsprüfung tragen ☐

e) Sie lehnen den Verlängerungswunsch von Herrn Bauer ab und schicken ihn zu dem zuständigen Ausbildungsberater ☐

6) Die anderen Auszubildenden bestehen ihre Abschlussprüfung und erhalten somit vom Prüfungsausschuss eine Bescheinigung über das erzielte Ergebnis ausgehändigt. Wann genau endet das Ausbildungsverhältnis der Auszubildenden?

1

a) Am Ende der vertraglich vereinbarten Ausbildungszeit ☐

b) Am Tag, an dem sie die Bescheinigung erhalten haben ☐

c) Am Tag, an dem sie das Prüfungszeugnis erhalten ☐

d) Am Tag der Abschlussprüfungen ☐

e) Am Ende der geschriebenen Abschlussprüfungen ☐

7) Wie genau definiert das Berufsausbildungsgesetz den Gegenstand einer Abschlussprüfung für Auszubildende? **3**

Durch die Abschlussprüfung ist festzustellen, ob der Prüfling.....

a) mit dem in der Berufsschule vermittelten Lehrstoff vertraut ist ☐

b) die betrieblichen Ausbildungsziele erreicht hat ☐

c) die notwendigen Fähigkeiten besitzt ☐

d) die erforderlichen Fertigkeiten und Kenntnisse besitzt ☐

e) ausreichend im Betrieb integriert ist ☐

8) Wie genau kommt eine Anmeldung zur Abschlussprüfung in der Regel zustande? **1**

a) Die zuständige Stelle sendet den Ausbildungsbetrieben die auszufüllenden Anmeldeformulare zu ☐

b) Der Ausbildungsbetrieb muss einen formlosen Antrag stellen ☐

c) Der Ausbildungsberater füllt die Anmeldungsformulare aus ☐

d) Die Berufsschule übernimmt die Anmeldung zur Abschlussprüfung ☐

e) Der Auszubildende muss die Anmeldung selbst vornehmen ☐

9) Wie kann der Ausbilder eventuell entstandene Prüfungsängste seiner Auszubildenden mildern? **2**

a) Milderung der Ängste durch intensive Prüfungsvorbereitung ☐

b) Milderung der Ängste durch Ermahnung zur Aufmerksamkeit ☐

c) Milderung der Ängste durch sachliche Einzelgespräche ☐

d) Milderung der Ängste durch Einfühlungsvermögen und Verständnis ☐

e) Milderung der Ängste durch Androhung von Konsequenzen beim Versagen des Auszubildenden ☐

10) Die Abschlussprüfung für Auszubildende verfolgt mehrere unterschiedliche Zielsetzungen. Kreuzen Sie die jeweils richtigen Aussagen bzgl. dieser Ziele an! **3**

a) Nachweis, dass erforderliche und berufliche Fähigkeiten beherrscht werden ☐

b) Nachweis, dass operative Abläufe im Beruf verbessert und optimiert werden können ☐

c) Nachweis über theoretische und praktische Kenntnisse ☐

d) Nachweis über das Beherrschen der berufsschulischen Lerninhalte ☐

11) Zählen Sie die einzelnen Schritte in der richtigen Reihenfolge auf bzgl. der Anmeldung eines Auszubildenden zur Abschlussprüfung! **R**

a) Entscheidung über Zulassung wird von der zuständigen Stelle kommuniziert ☐

b) Zuständige Stelle fordert den Betrieb zur Anmeldung auf ☐

c) Ausbilder oder Ausbildender muss den Auszubildenden rechtzeitig zur Prüfung anmelden ☐

d) Zuständige Stelle überprüft die eingegangene Anmeldung und entscheidet über eine Zulassung ☐

12) Zählen Sie die unterschiedlichen Modalitäten auf, welche gemäß der Prüfungsverordnung bei der Anmeldung einzuhalten sind. **4**

a) Ausgefülltes Anmeldeformular und Berufsausbildungsvertrag ☐

b) Bescheinigung über Teilnahme an Zwischenprüfung ☐

c) Interne Verhaltensbeurteilungen und Feedback des Ausbilders ☐

d) Zeugnis der Berufsschule und vorgeschriebenes Berichtsheft ☐

e) Zeugnis der Grundschule und der darauf folgenden Schulbildung ☐

f) Entrichtete Prüfungsgebühr vom ausbildenden Betrieb ☐

13) Kreuzen Sie die korrekten Zulassungsvoraussetzungen zur Abschlussprüfung nach dem BBiG an! Gehen Sie hierbei vom Regelfall aus. Dabei ist zugelassen, wer.... **2**

a) ...die Ausbildungszeit zurückgelegt hat und an den vorgeschriebenen Zwischenprüfungen teilgenommen hat ☐

b) ...die vorgeschriebenen Berichtshefte geführt hat und dessen Ausbildungsvertrag im Verzeichnis der Ausbildungsverhältnisse eingetragen ist ☐

c) ...die Zustimmung vom Prüfungsausschuss erhalten hat und persönlich geladen wird ☐

d) ...die Anforderungen zur Volljährigkeit am Datum der Abschlussprüfung erfüllt ☐

14) Wer entscheidet über die Zulassung zur Abschlussprüfung, nachdem die zuständige Stelle die Zulassungsvoraussetzungen für gegeben hält? **1**

a) der Ausbilder ☐

b) der jeweilige Stadtrat ☐

c) der Prüfungsausschuss ☐

d) der Ausbildungsbetrieb ☐

15) Wann ist ein Prüfungsausschuss überhaupt beschlussfähig? **1**

a) wenn von zwei Drittel der Mitglieder, mindestens drei mitwirken ☐

b) wenn von einem Drittel der Mitglieder, mindestens drei mitwirken ☐

c) wenn von drei Drittel der Mitglieder, mindestens zwei mitwirken ☐

d) wenn nur ordentliche Mitglieder an der Prüfung mitwirken ☐

e) wenn mindestens drei Lehrvertreter anwesend sind ☐

16) Wie genau setzt sich ein Prüfungsausschuss nach dem BBiG zusammen? **2**

a) Er besteht aus mindestens 5 Mitgliedern ☐

b) Er wählt aus seiner Mitte heraus einen Vorsitzenden ☐

c) Er besteht aus gleicher Anzahl von Arbeitnehmern- und Arbeitgebervertretern, sowie mindestens einem Lehrer aus der Berufsschule ☐

d) Er besteht hauptsächlich aus den Lehrern der berufsbildenden Schulen ☐

17) Ein Auszubildender kann vorzeitig zu seiner Abschlussprüfung zugelassen werden, wenn.... **2**

a) ...seine Leistungen dies auch rechtfertigen ☐

b) ...er dies zu Beginn der Ausbildung bereits beantragt ☐

c) ...er einen Antrag bei der zuständigen Stelle gestellt hat ☐

d) ...er dies mit dem Prüfungsausschuss vereinbart ☐

18) Welche der folgenden Aussagen zum Prüfungswesen sind generell richtig? **3**

a) Der Prüfungsausschuss besteht aus mindestens fünf Mitgliedern ☐

b) Der Prüfungsausschuss besteht aus mindestens drei Mitgliedern ☐

c) Die Mitglieder müssen im Prüfungsgebiet selbst ausgebildet sein ☐

d) Die Mitglieder müssen im Prüfungsgebiet sachkundig sein ☐

e) Der Prüfungsausschuss entscheidet über die Zulassung zur Abschlussprüfung ☐

f) Die zuständige Stelle entscheidet über die Zulassung zur Abschlussprüfung ☐

19) Als Ausbilder könnten Sie auch in einem Prüfungsausschuss mitwirken. In welcher Form und welchen Tätigkeiten könnten Sie dabei als ordentliches Mitglied auch aktiv mitwirken?

2

a) Bei der Bewertung von Prüfungsaufgaben und Beschlussfassung ☐

b) Bei der Wahl von stellvertretenden Prüfungsausschussmitgliedern ☐

c) Bei der Nominierung von Lehrervertretern ☐

d) Bei der Wahl der Vorsitzenden ☐

20) Ein Ausbildungsverhältnis kann grundsätzlich dann verlängert werden, wenn...

2

a) ...es der Ausbildende beschließt ☐

b) ...es der Auszubildende verlangt ☐

c) ...es die zuständige Stelle als notwendig betrachtet ☐

d) ...die Ausbildungszeit z.B. durch Krankheit länger unterbrochen wurde ☐

e) ...die Ausbildungszeit vertraglich flexibel ist ☐

21) Welche der folgenden Gründe können ein Ausbildungsverhältnis **nicht** beenden?

2

a) Die Anfechtung des Ausbildungsvertrags ☐

b) Die Inanspruchnahme von Elternzeit ☐

c) Der Tod des Auszubildenden ☐

d) Die Ableistung des Grundwehrdienstes ☐

e) Die ordentliche Kündigung ☐

f) Die außerordentliche Kündigung ☐

22) Nach dem Ablauf der Probezeit kann ein Ausbildungsverhältnis ordentlich mit einer Frist von vier Wochen gekündigt werden. Dabei muss ebenso der Kündigungsgrund angegeben werden. Wer kann diese Kündigung aussprechen? **1**

a) Auszubildender ☐

b) Ausbildender ☐

c) Ausbilder ☐

d) Die zuständige Stelle ☐

23) Während der Probezeit stellt sich heraus, dass einer der Auszubildenden sich überhaupt nicht im Betrieb integrieren möchte. Ebenso scheint es, dass mit ihm das Ausbildungsziel nicht erreicht werden kann. Wie kann das Ausbildungsverhältnis hierbei gekündigt werden? **1**

a) Durch eine ordentliche Kündigung ☐

b) Durch eine außerordentliche Kündigung ☐

c) Fristlos ohne Angabe eines Kündigungsgrunds ☐

d) Mit einer Frist von sechs Wochen ☐

24) Der Auszubildende Rudolf Steinar gilt als Unruhestifter im Unternehmen und hat mehrfach körperlich andere Auszubildende angegriffen. Wie könnte sich das Unternehmen von ihm als Auszubildenden trennen? **1**

a) Durch eine ordentliche Kündigung ☐

b) Durch eine außerordentliche Kündigung ☐

c) Keine Trennung möglich ☐

d) Nur Abmahnungen sind möglich ☐

25) Nach der Ausbildung ist ein Ausbildungsbetrieb zur Aushändigung eines Ausbildungszeugnisses verpflichtet. Was muss ein solches (einfaches) Ausbildungszeugnis enthalten? **1**

a) Angaben über die Anwesenheit im Betrieb ☐

b) Angaben über die Anwesenheit in der Berufsschule ☐

c) Angaben über Art, Dauer und Ziel der Ausbildung ☐

d) Angaben über den Ausbildungsbetrieb ☐

26) Was beinhaltet ein qualifiziertes Ausbildungszeugnis zusätzlich zu einem einfachen? **3**

a) Zusätzliche Angaben über das Verhalten des Auszubildenden ☐

b) Zusätzliche Angaben über die Beurteilung der Leistung ☐

c) Zusätzliche Angaben über das Unternehmen ☐

d) Zusätzliche Angaben über schulische Leistungen ☐

e) Zusätzliche Angaben über besondere fachliche Kenntnisse ☐

27) Welche der folgend genannten Zeugnisse erhält ein Auszubildender am Ende seiner Ausbildungszeit, wenn er die Abschlussprüfung bestanden hat? **3**

a) Gesellenbrief ☐

b) Diplom ☐

c) Prüfungszeugnis ☐

d) Staatliches Zulassungsschreiben ☐

e) Berufsschulabschlusszeugnis ☐

f) Betriebliches Ausbildungszeugnis ☐

28) Welche Hinweise sind bei der Ausstellung eines qualifizierten Ausbildungszeugnisses besonders zu beachten? **2**

a) Negative Verhaltensweisen müssen besonders formuliert werden ☐

b) Positive Verhaltensweisen müssen als fett gekennzeichnet werden ☐

c) Eine wahrheitsgemäße Formulierung ☐

d) Das Zeugnis muss schriftlich erstellt werden ☐

29) Im Berufsbildungsgesetz wird auch die Fortbildung erwähnt. Was unterscheidet die Fortbildung von einer Weiterbildung? **2**

a) Durch die Fortbildung soll die vorhandene berufliche Bildung erhalten oder angepasst werden ☐

b) Durch die Fortbildung soll die vorhandene berufliche Bildung erweitert werden ☐

c) Durch die Fortbildung soll die vorhandene Weiterbildung überboten werden ☐

d) Durch die Fortbildung soll die vorhandene Ausbildung lernend nachvollzogen werden ☐

30) In der Abschlussprüfung wird festgestellt, ob der Auszubildende die berufliche Handlungsfähigkeit erworben hat. Welche der folgenden Faktoren zählt hierzu? **5**

a) Alle erforderlichen beruflichen Fähigkeiten ☐

b) Alle persönlichen Eigenschaften ☐

c) Alle notwendigen theoretischen Kenntnisse ☐

d) Alle notwendigen praktischen Kenntnisse ☐

e) Alle notwendigen Ausdrucksweisen ☐

f) Alle notwendigen beruflichen Fähigkeiten ☐

g) Das angeeignete Wissen aus der zuständigen Stelle ☐

h) Das angeeignete Wissen aus der Berufsschule ☐

31) Welche der folgenden Rechte stehen dem Berufsbildungsausschuss der zuständigen Stelle zu? **2**

a) Unterrichtungsrecht in allen Angelegenheiten der Berufsbildung ☐

b) Weisungsrecht in allen Angelegenheiten der betrieblichen Ausbildung ☐

c) Anhörungsrecht in allen Angelegenheiten der Berufsbildung ☐

d) Rahmenbedingungen der Berufsschulbildung ☐

e) Rahmenbedingungen der betrieblichen Verhaltensweisen ☐

32) Welche der folgenden Unterlagen sind hilfreich, um den Auszubildenden auf die bevorstehenden Abschlussprüfungen vorzubereiten? **2**

a) Betrieblicher Ausbildungsplan ☐

b) Prüfungsanforderungen ☐

c) Prüfungsunterlagen von vergangenen Prüfungen ☐

d) Übungsaufgaben für die Ausbildereignungsprüfung ☐

33) Welche der folgenden Aufgaben hat der Prüfungsausschuss? **4**

a)	Er plant die Ausbildung	☐
b)	Er beschließt die Prüfungsaufgaben	☐
c)	Er plant die betriebliche Überprüfung	☐
d)	Er plant den Prüfungsablauf und führt die Prüfung durch	☐
e)	Er bewertet die Prüfungsleistung	☐
f)	Er bewertet die zuständige Stelle	☐
g)	Er stellt die Bescheinigung über Bestehen oder Nicht-Bestehen aus	☐
h)	Er formuliert die Ausbildungsordnung	☐

34) Welche der folgenden Teile können einer gestreckten Abschlussprüfung zugeordnet werden? **2**

a)	Wirtschaftliches Rechnungswesen	☐
b)	Fachbezogene Kompetenzen	☐
c)	Fachbezogenes Ausbilderwissen	☐
d)	Berufstypische und prozessbezogene Handlungskompetenzen	☐
e)	Mathematisches Grundverständnis	☐
e)	Praktischer Prüfungsteil	☐

35) Welche Besonderheiten sollte ein Betrieb vor der Übernahme eines Auszubildenden beachten? **2**

a) Der Ausbildungsbetrieb ist zur Übernahme verpflichtet ☐

b) Der Ausbildungsbetrieb ist nicht zur Übernahme verpflichtet ☐

c) Es kann ein befristetes oder unbefristetes Arbeitsverhältnis entstehen ☐

d) Es kann ein nur ein befristetes Arbeitsverhältnis entstehen ☐

e) Es kann ein nur ein unbefristetes Arbeitsverhältnis entstehen ☐

f) Eine Weiterbeschäftigung wird üblicherweise zu Beginn der Probezeit vereinbart ☐

g) Eine Weiterbeschäftigung kann erst die letzten 6 Monate vor Ausbildungsende vereinbart werden ☐

36) Welche der folgenden Zeugnisse erhält ein Auszubildender am Ende seiner Ausbildungszeit **2**

a) Ausbilderzeugnis ☐

b) Abschlusszeugnis der Berufsschule ☐

c) Abschlusszeugnis der zuständigen Stelle ☐

d) Prüfungszeugnis der Kammer ☐

e) Ausbildungszeugnis ☐

f) Fachkundeprüfung ☐

LÖSUNGEN

1) d + e
2) b + c
3) a = 1; b = 4, c = 3, d = 2
4) d
5) a
6) b
7) a + c + d
8) a
9) a + c
10) a + c + d
11) b = 1, c = 2, d = 3, a = 4
12) a + b + d + f
13) a + b
14) c
15) a
16) b + c
17) a + c
18) b + d + f
19) a + d
20) b + d
21) b + d
22) a
23) c
24) b
25) c
26) a + b + e
27) c + e + f
28) c + d
29) a + b
30) a + c + d + f+ h
31) a + c
32) b + c
33) b + d + e + g
34) b + d
35) b + c
36) b + d

Stichwortverzeichnis

Überzeugen Sie sich auch von anderen Lernstarter-Produkten.

Neben unseren Lernprodukten für die Ausbildereignungsprüfung bieten wir ebenso hilfreiche Lehrbücher und –Materialien für folgende Themen an:

- IHK-Weiterbildungen (Fachwirte und Betriebswirte)
- Professionelle Bewerbungen
- Formelsammlungen
- Betriebswirtschaftslehre
- Wirtschaftspsychologie
- Qualitätsmanagement
- Management
- Master of Business Administration (MBA)

Mehr Informationen finden Sie unter www.lernstarter.de

Wichtige Information

Sind Sie zufrieden mit diesem Artikel?

Falls ja, würden wir uns über eine ehrliche Rezension bei Amazon freuen. Leider erhalten wir derzeit nur wenige Rezensionen und sind somit als kleiner, konzernunabhängiger Verlag noch vielen unbekannt. Deshalb wäre uns eine ehrliche Rezension bei Amazon etwas wert, selbst wenn Sie diesen Artikel nicht dort gekauft haben.

Gratis Unterweisungsentwurf für Sie!

Als kleines Dankeschön für eine Rückmeldung, senden wir Ihnen für jede Rezension eine kostenlose **Datei (als PDF) mit einem Unterweisungsentwurf** für Ihren praktischen Prüfungsteil nach der schriftlichen Ausbildereignungsprüfung.

Geben Sie uns einfach kurz bescheid über Ihre verfasste Rezension bei Amazon via E-Mail an **info@lernstarter.de**

Schreiben Sie einfach kurz in den Betreff Ihrer Email: **Rezension + Ihr Amazon-Name.**

Oder hätten wir etwas besser machen können?

Wir wollen Ihnen als Kunde die besten Lernhilfen anbieten und sind deshalb sehr daran interessiert, was Ihnen nicht gefällt. Oft entwickelt sich die Unzufriedenheit zu einem Ärgernis . Soweit wollen wir es nicht kommen lassen. Auch **direkte Kritik an uns** belohnen wir mit einem kleinen Danke-Schön und freuen uns über jede Information, wie wir unsere Produkte in Zukunft noch besser gestalten können. Bitte teilen Sie uns einfach Ihr Feedback via Email an **info@lernstarter.de** mit .